清宫疑案正解

阎崇年 著

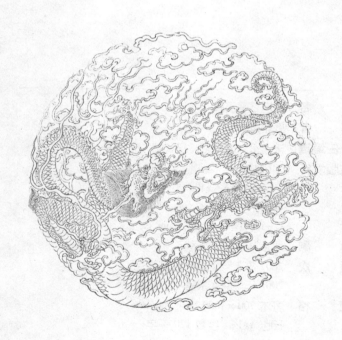

中华书局
ZHONGHUA BOOK COMPANY

图书在版编目（CIP）数据

清宫疑案正解/阎崇年著. —北京：中华书局，2007.4
ISBN 978 – 7 – 101 – 05574 – 0

Ⅰ.阎⋯　Ⅱ.阎⋯　Ⅲ.中国－古代史－史料－清代
Ⅳ.K249.06

中国版本图书馆 CIP 数据核字（2007）第 034132 号

书　　名	清宫疑案正解
著　　者	阎崇年
责任编辑	宋志军　李洪超　祝安顺　汤　涛
出版发行	中华书局
	（北京市丰台区太平桥西里 38 号　100073）
	http://www.zhbc.com.cn
	E－mail：zhbc@zhbc.com.cn
印　　刷	北京瑞古冠中印刷厂
版　　次	2007 年 3 月北京第 1 版 2007 年 3 月北京第 1 次印刷
规　　格	开本 700×1000 毫米　1/16 印张 13½　字数 120 千字
印　　数	1－100000 册
国际书号	ISBN 978 – 7 – 101 – 05574 – 0
定　　价	20.00 元

目　录

序

中华文明大讲堂，零七开讲。

绵延五千年画卷，卷开清史。

近三百年清史疑案，拍案称奇。

拍案称奇大家，阎姓崇年。

这是零七年始在北京电视台卫视频道播出的一条节目宣传片的解说词，介绍的是今年新推出的《中华文明大讲堂》栏目首轮亮相的节目，即由北京社会科学院研究员、北京满学会会长、中国紫禁城学会副会长阎崇年先生开讲的《清宫疑案正解》，共12讲。

《中华文明大讲堂》的推出，是这次北京卫视频道改版的重要举措之一，是这个频道每晚10点开辟的文化通档节目之一，是体现北京电视台"文化品位，大家风范"节目定位的一个范例。这样一档文化内涵深厚、表现形式沉稳的节目，能达到预期的收视效果吗？能被广大观众接受吗？说实话，开始时我这个做台长的心里也在打鼓。

现在两个多月过去了，我的心情放松多了。我注意到这个节目播出后，收视率稳步上升。收视特点是：进入收视调查的人群基本就不离开，50分钟收视曲线始终呈上升趋势。这说明一旦看了这个节目的观众，就会忠诚地看下去。节目播出一段时间后，收视率已达到2.68，占据当周卫视频道节目收视率排行榜第七名，进入北京地区各频道收视率统计的前50名，实属不易。而中华书局以首印10万册的开价为阎先生的《清宫疑案正解》出版图书"买单"，更证实了这样一档文化内涵深厚的节目是被广大观众认可的，是被

社会所接受的。做为台长，我也觉得很欣慰。

凡是一个成功的节目，总有它成功的原因，我想至少可以给《中华文明大讲堂》栏目的首战告捷总结这么三条经验：

一、社会有需求，市场已证明。电视节目是个万花筒，要适应各种观众的需求。而由名师大家讲演的具有深厚文化内涵的节目，是否社会也需要呢？2.68的收视率和出版社"买单"，证明了这一点。这说明了我们的社会在进步，观众也需要高品位的文化作品。他们完全有能力欣赏这类作品。这也坚定了我们走"文化品位，大家风范"的创作之路的决心。

二、学者使电视深刻，电视让学者有为。记得毛泽东主席说过一句话：让哲学从哲学家的课堂里走出来，成为广大人民群众手中的武器。那么，什么力量能最有效地起到这个作用呢？是传媒、大众传媒、电视传媒。我们的节目制作人员借助电视传媒这个平台，调动了尽可能多的电视手段，让高深的知识大众化，让观众乐于接受。学者的学识与电视艺术形象的表现手法在这里相得益彰。

三、阎先生个人的作用功不可没。"名人效应"在电视这个行业是一种"规律"，节目中有公众人物就能吸引观众的"眼球"。我认为阎先生算是个公众人物，但我更欣赏的是阎先生的"学者"风范。阎先生讲东西没有更多的华丽词藻，没有更多的渲染夸张，而他分析问题的严谨、缜密，演讲思路的清晰、明了，给人一种真实可靠的"正解"感受。包括我本人，尽管工作十分繁忙，也愿意忙里抽闲争取看一看阎先生讲的内容。

我赞成阎先生对他讲史概括的"求知、求真、求励、求愉、求鉴"的说法：

——求知，历史会提供丰富有趣的知识；

——求真，历史会提供江山风雨的真实；

——求励，历史会提供修齐励志的经验；

——求愉，历史会提供赏心丽目的愉悦；

——求鉴，历史会提供参政资治的通鉴。

最后,请允许我代表北京电视台感谢阎崇年先生对《中华文明大讲堂》开篇之作付出的辛勤劳动,感谢观众读者对节目和读物的厚爱。也祝愿从《中华文明大讲堂》中涌现出更多的名师大家,涌现出更多弘扬中华文明、弘扬中华传统文化的好作品,以飨广大观众和读者。

北京电视台台长　刘爱勤

2007 年 3 月 7 日

引　言

　　近年来，出现了一股"清史热"。很多人都关心清史，尤其是清宫疑案。1992 年我到台湾进行学术交流，接待方组织大陆清史专家和台北市民就清宫历史问题进行座谈。座谈会上，一位台北市民问道：清宫疑案究竟有多少？我略加思索后回答：大约有上百起。最近我到一些地方演讲，每到一处都会有人问到清宫疑案的问题。

　　这些事例给我的印象是，许多观众和读者都关心清宫疑案，希望更深入地了解这些案子的真相。因此，我把这大约百起的清宫疑案梳理了一下，选出 10 桩疑案，一件一件地进行"正解"。此外，还对很多读者和观众比较关心的两个问题，即清朝宫廷教育和清朝宫廷过年，予以介绍。

　　为什么要进行正解呢？因为：这些疑案发生在清宫——从兴京（赫图阿拉）、东京（辽阳）、盛京（沈阳）到北京，从清太祖努尔哈赤到末帝溥仪，时间既久远，又多系皇帝家事、宫闱秘闻，外人难得其详。于是，正史野史，官私记载，笔记小说，或为尊者讳，或道听途说，对同一事件的记载歧异纷纭，更为这些疑案增加了几分玄秘色彩，显得扑朔迷离，让人难窥真情。这就需要根据史料，辨伪存真，揭开历史迷雾，恢复事件的本来面目。这就是我所说的"正解"，它与"戏说"的最大不同在于完全根据史料，有一说一，有二说二，而不进行艺术的渲染和夸张。

　　下面，我们开始《清宫疑案正解》的第一讲——《努尔哈赤斩子》。

努尔哈赤朝服像

第一讲
努尔哈赤斩子

有一出京剧叫《戚继光斩子》。后来有学者考证，历史上没有这件事。所以，"戚继光斩子"是戏说，是艺术创作。那么，努尔哈赤斩子，真有其事吗？大家知道，努尔哈赤是清朝的开国皇帝，被尊为太祖；而斩子之举，违背常理，自然为清朝皇家所忌讳，因而史书缺乏记载。努尔哈赤斩子，遂成为清宫的第一大疑案。

本讲分为三个题目：一、褚英其人；二、杀子始末；三、情理冲突。

一、褚英其人

努尔哈赤先后娶有 16 位妻子，共生育 16 个儿子和 8 个女儿。褚英是努尔哈赤的长子。努尔哈赤 19 岁结婚分家，娶了女真女子佟佳氏·哈哈纳札青（又叫詹泰）为妻。第二年，他们生下一女，即东果格格。后来佟佳氏又生下两个男孩：长子叫褚英（1580～1615 年），次子叫代善（1583～1648 年）。

褚英，万历八年（1580 年）生，这年努尔哈赤 21 岁。努尔哈赤起兵时，褚英只有 4 岁，代善才 1 岁。努尔哈赤带兵打仗，主要将领是他的胞弟舒尔哈齐和五大臣费英东、额亦都、何和里、安费扬古、扈尔汉等。

概括起来，褚英的一生有"三幸"和"三不幸"。

"三幸"是：其一，出生在努尔哈赤家，父亲后来成为大清国的开创者；其二，从小在父辈和费英东、额亦都等杰出将领那里学习军事技艺和知识，长于弓马，武艺高强；其三，参加乌碣岩等大战，受到锻炼，得到父汗的重用。

"三不幸"是：其一，母亲死得较早，父亲在危难中起兵，他很少享受家庭的温暖；其二，家庭时时遇风险，处处遭劫难，所以他很小就开始了马背生涯，在刀光剑影、动荡不安的环境里成长；其三，那时女真没有文字，他没有上过学，也没有受过正规系统的教育，缺乏心智韬略。

褚英的"三幸"和"三不幸"，既成就了他，也最终毁灭了他。

褚英19岁的时候，首次带兵打仗。《清太祖实录》记载：万历二十六年（1598年）褚英率兵征东海女真安楚拉库路，收取20多个屯寨的部民而回，被赐号"洪巴图鲁"（汉语意为"旺盛的英雄"）。褚英真正崭露头角是因为他在乌碣岩之战中的出色表现，通过这次大战，他受到父亲努尔哈赤的重视。

万历三十五年（1607年）正月，努尔哈赤派胞弟舒尔哈齐、长子褚英、次子代善护送新归附的部众回建州。在归路上，乌拉部贝勒布占泰派大将博克多率1万兵马横行拦截（《满文老档》卷一）。双方在图们江畔的乌碣岩（今朝鲜钟城境内）进行了一场大战。

乌拉部是海西女真四部中一个兵强马壮的大部，乌拉城在今吉林省吉林市永吉县乌拉街乡。万历二十一年（1593年）六月，乌拉部和海西女真另三部叶赫、哈达、辉发，因努尔哈赤所在的建州部日益强大而不安，组成联军对建州发动进攻，结果被打败。同年九月，叶赫、哈达、乌拉等九部联军3万之众，在古勒山与努尔哈赤所部并力一战，结果，叶赫贝勒布斋等4000人被斩杀，乌拉贝勒满泰之弟布占泰被俘。

努尔哈赤为了弥合矛盾，结好乌拉，将布占泰送回并扶持他做了乌拉贝勒。建州和乌拉先后五次联姻：努尔哈赤的女儿穆库什、舒尔哈齐的两个女儿额实泰和娥恩哲，都先后嫁给乌拉贝勒布占泰为妻；布占泰的哥哥满泰（原乌拉贝勒）的女儿阿巴亥嫁给努尔哈赤为妻，后来生了阿济格、多尔衮和多铎。布占泰的妹妹乎奈又是舒尔哈齐的妻子。可以说，两部是亲上加亲。

但是，这种以政治利益为纽带的联姻，并不能彻底弥合双方的矛盾。乌碣岩大战是两部矛盾的突出表现。

　　在乌碣岩大战中,舒尔哈齐顾及和乌拉贝勒的姻亲关系,便同部将常书和纳齐布率兵停在山下,畏葸不前,观战不动。建州扈尔汉、扬古利则在山上树栅扎营,派兵守护带来的 500 户,率 200 人同乌拉军前锋格斗。随后褚英与代善各率兵五百,分两路夹击乌拉军。褚英率先冲入敌阵,时天寒雪飞,双方战斗异常激烈,最终乌拉兵大败(《清史列传》卷三)。代善擒斩乌拉大将博克多。这一仗,建州兵斩杀乌拉兵 3000 级,获马 5000 匹,甲 3000 副,乌拉兵败兵逃窜,"如天崩地裂"(《李朝宣祖大王实录》卷二〇九)。

　　乌碣岩大战不仅大大地削弱了乌拉部的力量,而且打通了建州通向乌苏里江流域和黑龙江中下游地区的通道。在建州内部则引起努尔哈赤与舒尔哈齐兄弟、努尔哈赤与褚英父子两个关系的重大变化。

　　第一,兄弟之间矛盾激化。舒尔哈齐(1564～1611 年),是努尔哈赤的胞弟,努尔哈赤 10 岁丧母时,舒尔哈齐才 5 岁。努尔哈赤起兵后,舒尔哈齐跟随长兄,作为副手,四处征战,屡立战功,二人相互扶持,相处和谐。但随着实力的不断壮大,兄弟之间却渐渐出现裂痕。万历二十三年(1595 年),舒尔哈齐向朝鲜来使申忠一说:"日后你金使(官名)若有送礼,则不可高下于我兄弟。"这表露出舒尔哈齐对已获权位与财富并不满足,想和长兄争名利、争权位。万历二十七年(1599 年),建州兵征哈达时,"出兵之时,无不欢跃",勇敢冲杀,驱骑争锋。舒尔哈齐却在哈达城下畏缩,遭到努尔哈赤的当众怒斥,他们兄弟之间的裂痕进一步加深。

　　乌碣岩大战,更令努尔哈赤对舒尔哈齐不满,他下令将舒尔哈齐的两员大将常书、纳齐布论死,这明显是在杀鸡骇猴、敲山震虎。舒尔

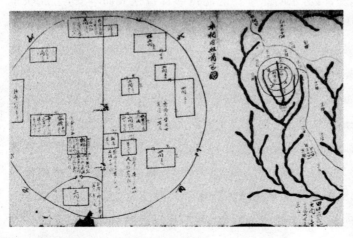

《建州纪程图记》之"努尔哈赤家院图"

哈齐苦苦恳求说:"若杀二将,即杀我也!"努尔哈赤最终答应免二将死,但罚常书银百两,夺纳齐布所属牛录《满洲实录》卷三。而且,此后努尔哈赤不再派遣胞弟舒尔哈齐将兵,削夺了他的兵权。

舒尔哈齐被夺去兵权后,郁闷不乐,常出怨言,认为活着还不如死了的好。不久,他移居黑扯木(地名),远离胞兄。据《满文老档》记载:万历三十七年(1609年)三月十三日,努尔哈赤"尽夺赐弟贝勒之国人、僚友以及诸物",又命

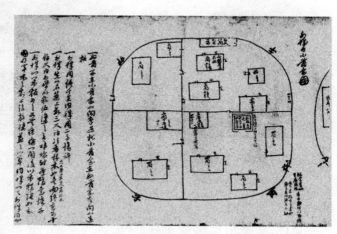

《建州纪程图记》之"舒尔哈齐家院图"

将忠于舒尔哈齐的大臣乌尔坤吊在树上,下积柴草,以火烧死。这明显是给舒尔哈齐脸色看。

舒尔哈齐口头上表示悔改,而心中更加郁愤难平,史书上记载说:"弟贝勒仍不满其兄聪睿恭敬汗之待遇,不屑天赐之安乐生活,遂于辛亥年(万历三十九年)八月十九日卒。"《满文老档》上,第一册)

关于舒尔哈齐之死,清朝史书记载的都非常简略。《清太祖高皇帝实录》万历三十九年(1611年)八月记载:"上弟达尔汉(汉语意为"神圣")巴图鲁贝勒舒尔哈齐薨(hōng),年四十八。"清朝官书都仅用一个"薨"字,记述舒尔哈齐的死。舒尔哈齐的墓在东京陵(今辽宁辽阳)。明朝人和朝鲜方面记载说努尔哈赤对其胞弟舒尔哈齐"计杀之"、"腰斩之",但不是直接史料。所以说,舒尔哈齐究竟是病死,幽禁而死,还是被努尔哈赤杀死?实际情形不得而知,成为一个历史之谜。

至于努尔哈赤与舒尔哈齐兄弟矛盾逐渐激化的原因有三说:

其一,明朝人认为,他们兄弟之争是因对明朝政策的分歧;

舒尔哈齐墓山门

其二,朝鲜人认为,他们兄弟之争是因对权位利益的贪欲;

其三,近年有人认为,他们兄弟为了争夺一个女人——叶赫老女。这毫无根据,当属戏说。

第二,褚英地位迅速上升。《无圈点老档》开篇记载:万历三十五年(1607年),褚英28岁,在乌碣岩之战中,立下大功,被赐号阿尔哈图土门(汉语为"广略"之意,也就是"大智勇"的意思)。第二年,褚英偕贝勒等率军进攻乌拉,攻克宜罕山城。旋因居长,屡有军功,被授命执掌国政(《清史列传·褚英》)。这年他29岁。

但是,"福兮祸之所伏"。褚英执掌国政,对这位年轻贝勒来说,是福还是祸?

二、杀子始末

褚英柄政之后,因年纪轻,资历较浅,而又心胸偏狭,操切过急,受到"四贝勒"、"五大臣"内外两方面的反对。

"四贝勒"即努尔哈赤"爱如心肝"的四个子侄:次子代善、侄子阿敏、五子莽古尔泰、八子皇太极。代善是褚英的胞弟,比褚英小3岁;阿敏是褚英的堂弟、舒尔哈齐第二子,父亲死后被努尔哈赤收养;莽古尔泰是褚英的五弟,作战骁勇,骑射精通;皇太极是褚英的八弟,聪睿精明,武艺高强。他们拥权势、统军队、厚财帛、领部民,以德、功、长、能,于天命元年(1616年)被授为和硕贝勒。

建州没有立嫡以长的传统，诸弟们不满于褚英当嗣子、主国政的地位。但他们如果直接上告对长兄的不满，似有争嗣之嫌，于是同"五大臣"联合，倾轧褚英。

"五大臣"就是努尔哈赤"信用恩养、同甘共苦"的费英东、额亦都、何和里、安费扬古、扈尔汉。他们早年便追随努尔哈赤，威望高，权势重，历战阵，建殊勋，攻克图伦城时褚英尚在襁褓之中。

五大臣也不满于褚英专军机、裁政事的地位，力求同"四贝勒"结合，共同扳倒褚英。"五大臣"首告嗣储褚英，似有贰心之嫌。

从褚英方面来说，他对"五大臣"这样建州的"柱石"和"元勋"，缺乏谦恭的态度；对诸弟又没有笼络的智术，而是想趁父汗努尔哈赤在世时，逐渐削夺他们的财富和权力，以便巩固自己的储位。这样的做法使"四贝勒"与"五大臣"人人自危，更促进了他们的联合。由是，褚英陷于孤立。

双方矛盾的逐渐明朗化和日渐激化，使努尔哈赤不得不在长子褚英和"四贝勒"、"五大臣"之间作一个抉择。他反复权衡，最终决定疏远褚英。尔后两次进攻乌拉，努尔哈赤都没有派褚英出征，而让他在家留守。

褚英并没有从中汲取教训，反躬自省，暗自韬晦。相反，《清史稿·褚英传》记载："褚英意不自得，焚表告天自诉"，于是获"咀呪"之罪《清史稿》卷二一六）。万历四十一年（1613 年）三月二十六日，努尔哈赤命将长子褚英幽禁在高墙之中。

褚英墓

"四贝勒"和"五大臣"借机联合向努尔哈赤告发褚英。努尔哈赤让他们每人写一份文书呈送。《满文老档·太祖》癸丑年即万历四十一年(1613年)记载他们控告褚英的"罪状"是:

第一,褚英挑拨离间,使"四贝勒"、"五大臣"彼此不和;

第二,声称要索取诸弟贝勒的财物、马匹,引起诸弟不满;

第三,曾言:"我即位后,将诛杀与我为恶的诸弟、诸大臣。"

这些罪状无疑加速了褚英的悲剧进程,而他此时已经失去了申辩的权利。

万历四十三年(1615年)八月二十二日,褚英死,年仅36岁。后葬在清东京陵。

褚英是病死,是幽禁而死,还是被处死?在褚英死后300多年时间里一直是一个历史之谜。《清史列传·褚英》、《清史稿·褚英传》记载:"乙卯闰八月(《无圈点老档》记作"八月"),死于禁所。"也没有交待褚英的死因。《满文老档》记载褚英事迹也很简略。

褚英死因之谜是怎样被揭开的呢?事情是这样的:1962年,在台湾台中市雾峰北沟故宫博物院地库里,发现了《满文老档》(即《无圈点老档》)。后广禄、李学智先生以《老满文原档》为书名加以介绍。1969年台北故宫博物院加以影印出版,以《旧满洲档》作书名,陈捷先教授撰写长文介绍。1998年我在中国第一历史档案馆看到乾隆时期对这份"老档"的整理与重钞的档

后金第一部官修档案《满文老档》

案。当年官员从满本堂(收藏满文档案房)借还书以及呈送时都用《无圈点老档》这个名字,于是称它作《无圈点老档》,并且对其七部重钞本也分别定了名称。《无圈点老档》中对褚英之死作了记载,从而解开了褚英死因之谜:

> 聪睿恭敬汗以其长子阿尔哈图图们,心术不善,不认己错,深恐日后败坏治生之道,故令将其囚居于高墙内。经过二年多之深思,虑及长子若生存,必会败坏国家。倘怜惜一子,则将危及众子侄、诸大臣和国民。遂于乙卯年聪睿恭敬汗五十七岁,长子三十六岁,八月二十二日,始下决断,处死长子。

上面引文,自"经过"以下,至"长子"以上,在《无圈点老档》中被圈画删掉,为《无圈点老档》乾隆朝各种重钞本所讳阙。现看到《无圈点老档》六种钞本——《无圈点字档》(草本)和《加圈点字档》(草本)、《无圈点字档》(内阁本)和《加圈点字档》(内阁本)、《无圈点字档》(崇谟阁本)和《加圈点字档》(崇谟阁本)都没有记载上述文字。乾隆皇帝在命臣工重钞《无圈点老档》时,谕旨圈画删掉努尔哈赤命杀死长子褚英这段重要史料,是为亲者、尊者、贵者、贤者讳,不让创建龙兴大业的清太祖,留下残暴的痕迹。

在这里我顺便说一下,满洲宗室有个传统,父亲获罪死

褚英第三子、敬谨亲王尼堪墓碑

后,并不影响其子被任用。比如舒尔哈齐死后,子阿敏后位列四大贝勒,济尔哈朗爵郑亲王、官至摄政王;褚英被杀,他的三个儿子,长子杜度后为贝勒,三子尼堪后为亲王,都受到重用。

几百年来,人们一直在探询:努尔哈赤究竟为什么在短短几年时间里,幽死胞弟,杀死亲子,骨肉相残,做出这么违背常理的事情?要知道,舒尔哈齐、尤其是褚英,不仅是他的骨肉至亲,而且是他创业过程中的得力助手、股肱之臣,究竟是什么样的原因,最终促使努尔哈赤下定决心杀害他们呢?

三、情理冲突

有人试图从努尔哈赤性格上找原因,认为:"奴酋为人猜厉威暴,虽其妻子及素亲者,少有所忤,即加杀害,是以人莫不畏惧。"([朝鲜]李民寏《建州闻见录》)

也有人从利益上找原因,认为努尔哈赤是要保住自己至高无上的地位。

还有人从恋情上找原因,说他们父子为了争夺一个女人。这毫无根据,当属戏说。

事实上,努尔哈赤也是一个有手足情、父子情的人,幽弟杀子之事实属无奈。特别是年老之后,努尔哈赤每每回顾这些事情,都心怀惭德,久不平静。应当说努尔哈赤一生最后悔的事就是囚杀了长子褚英。为了不愿再看到子孙们骨肉相残的事,天命六年(1621年)正月十二日,天命汗召集诸子侄孙代善、阿敏、莽古尔泰、皇太极、德格类、济尔哈朗、阿济格、岳托等,对天地神祇(qí),焚香设誓:

> 今祷上下神祇:吾子孙中纵有不善者,天可灭之,勿令刑伤,以开杀戮之端。如有残忍之人,不待天诛,遽兴操戈之念,天地岂不知之?若此者,亦当夺其算。昆弟中若有作乱者,明知之而不加害,俱坏(怀)礼义之心,以化导其愚顽。似此者,天地祐之,俾子孙百世延长。所祷者此也。自此之后,伏愿神祇,不咎既往,惟鉴将来。《清太祖武皇帝实录》卷三)

后金东京城天佑门

当然，后金执政集团内部的斗争，不会因努尔哈赤率领众子侄等对神祇设誓而化解或消失。同样，"怀礼义之心"的诸王贝勒，对于觊觎汗位者，也不能"化导其愚顽"。有汗位，必有争夺；有争夺，必有厮杀。

清太祖努尔哈赤从万历十一年（1583年）起兵，到天命十一年（1626年）逝世，共44年。其间，满洲宗室内部先后发生过三次大的冲突：第一次是努尔哈赤与胞弟舒尔哈齐的斗争，第二次是努尔哈赤与长子褚英的斗争，第三次是努尔哈赤与次子代善的斗争。应当说，满洲宗室在44年间发生三场大的冲突，并不算多。努尔哈赤的高明之处在于，这三场冲突都迅速得到处理，化风浪为平静，化凶险为平夷，没有酿成大的裂变；相反，每斗争一次，满洲宗室内部不是分裂、而是整合，不是衰弱、而是坚强。

我曾经说过，努尔哈赤事业成功的一大法宝，清朝兴起的一个经验，就是坚持一个"合"字。有人说，像努尔哈赤这样，哥哥把弟弟幽禁致死，父亲把儿子杀了，这应当是"分"啊，怎么能说"合"呢？

努尔哈赤是一位具有远大政治抱负的政治家，当他的力量还很弱小时，他需要一支强有力的骨干队伍，同心同德，朝着既定的大目标共同奋斗。这其中出现不和谐的音符，他就要去调整。当正常手段无法协调时，万不得已，他只能采取非常手段，来求得整体的和谐。这个骨干队伍主要是两个集团：一个是宗室贵族集团，如褚英、代善、阿敏、莽古尔泰、皇太极等；另一个

是军功贵族集团,如费英东、额亦都、何和里、安费扬古、扈尔汉等。当褚英被推到执掌国政的地位时,因为他没有恰当地处理好各种关系,两个集团的主要成员都反对他。努尔哈赤不处理褚英,就会出现三个不合:宗室贵族不合、军功贵族不合、宗室贵族与军功贵族不合。除掉褚英之后,既使宗室贵族合,又使军功贵族合,更使宗室贵族与军功贵族大合。

历史证明,清初宫廷经过舒尔哈齐、褚英、代善三大事件后,出现了三次政治飞跃:创建八旗制度、建立后金政权、进入辽沈地区,从而为大清事业奠定了基础。

由上可以看出,所谓"合"不是没有矛盾、没有差异、没有斗争、没有冲突,而是妥善处理,恰当整合,化险为夷,整分为合。就是说"合—分—合"的过程,本来是合,虽然有分,不是分裂,而是疏理,整分为合,出现新合。以小分,促大合;以旧分,成新合。这就是"努尔哈赤斩子"故事给后人的历史启示。

相关推荐书目

(1)孟　森:《清太祖杀弟事实考》,《明清史论著集刊》,中华书局,2006年

(2)阎崇年:《清朝通史·太祖朝》,紫禁城出版社,2003年

(3)周远廉:《清太祖传》,人民出版社,2004年

(4)阎崇年:《清朝第一帝努尔哈赤》,华文出版社,2005年

(5)阎崇年:《正说清朝十二帝》(增订图文本),中华书局,2006年

皇太极像

第二讲
太宗蒙古后妃

崇德元年（1636年）四月，皇太极登极称帝，同时册封"一后四妃"。有趣的是，这一后四妃全部都是蒙古族人，而且都姓博尔济吉特氏。

我查了一下，在中国自秦始皇到宣统2132年、349位皇帝的历史上，一位皇帝同时册封五个异民族同姓氏女子为"后妃"者，只有皇太极一人，真正是"前无古人，后无来者"。这究竟是为什么？

为了回答这个疑问，我分作三个题目来讲：一、一后四妃；二、政治婚姻；三、百年影响。

一、一后四妃

后金天聪九年即明崇祯八年（1635年）八月，多尔衮率军远征蒙古察哈尔部时，有一个意外的收获，就是得到了蒙古的大宝——"传国玉玺"。

据说这颗玉玺，自汉朝传到元朝。朱元璋派徐达率军占领元大都（今北京）时，元顺帝北逃，将玉玺带在身边。他死之后，玉玺失落。200年后，一位牧羊人，见一只山羊三天不吃草，而用蹄跑于山冈下一个地方。牧羊人好奇，挖开此地，得到宝玺，上有汉文篆字"制诰之宝"。后来宝玺到了蒙古察哈尔部林丹大汗手中。林丹汗死后，由其遗孀苏泰太后及其子额哲收藏。

这次多尔衮率军远征蒙古察哈尔，苏泰太后及子额哲归顺后金，遂将这颗"传国玉玺"献给天聪汗皇太极。

皇太极得到象征"一统万年之瑞"的天赐至宝，非常高兴，亲自告祭太祖福陵；同年十月，改族名为满洲；翌年四月，改国号为大清。

崇德元年即崇祯九年（1636 年）四月十一日，皇太极在沈阳宫殿举行即皇帝位的隆重典礼，并册封"一后四妃"：中宫皇后博尔济吉特氏哲哲、东宫关雎宫宸妃海兰珠、西宫麟趾宫贵妃那木钟、东次宫衍庆宫淑妃巴特玛·璪、西次宫永福宫庄妃布木布泰。皇太极册封的"一后四妃"都是蒙古族，也都姓博尔济吉特氏。她们住在沈阳皇宫的后宫，这里是一座四合院。她们的身世，值得一讲。

（一）中宫皇后：姓博尔济吉特氏，名哲哲，她是皇太极的发妻，蒙古科尔沁贝勒莽古思之女，万历二十八年（1600 年）生，四十二年（1614 年）与皇太极成婚，时年 15 岁，比皇太极小 8 岁。天聪元年（1627 年），因皇太极继承汗位，她被封为大福晋。崇德元年（1636 年）皇太极做大清国皇帝，她被册封为中宫皇后，住在中宫——清宁宫。这座宫殿，坐北朝南。她和皇太极生了三个女儿：皇二女、皇三女和皇八女，无子。有人认为皇后因为没有生子，后来才将两个侄女又嫁给了皇太极。其实，皇后生皇八女时，皇太极已经有了五个儿子。

皇后性格平和，主持后宫，不与两位侄女——宸妃和庄妃争宠。皇太极逝世、顺治帝即皇位后，尊其为皇太后，随顺治帝入关，居住在紫禁城里。顺治六年（1649 年）病逝，享年 50 岁（《清史稿·后妃传》和《清皇室四谱》记载

中宫清宁宫

她享年51岁,不确),与皇太极合葬于昭陵(沈阳北陵)。她可说是德冠后宫,年高善终。

(二)东宫关雎宫宸妃:姓博尔济吉特氏,名海兰珠,天聪八年(1634年)嫁给皇太极(《清列朝后妃传稿》载宸妃于天命十年嫁皇太极,误),年26岁,皇太极年33岁,是皇太极生前最宠爱的一位妃子。她是中宫皇后哲哲的亲侄女,也是永福宫庄妃布木布泰的姐姐。据说她以文静、美丽、缠绵、娇媚而博得夫君宠爱。她居住的宫殿名为"关雎宫",取《诗经·关雎》中"关关雎鸠,在河之洲,窈窕淑女,君子好逑"名句,十足表示皇太极对她的深厚爱情。她曾为皇太极生过一子,即皇八子,皇太极曾为此大赦天下。但这个孩子不满周岁,没有起名,因病早夭。她痛苦过甚,悲伤至极,不久患病。崇德六年即崇祯十四年(1641年),皇太极正在关系明清生死的松山大战前线,闻妃病重讯后,竟不顾一切地从战场赶回沈阳宫中,可惜为时已晚,宸妃先一日死亡。皇太极悲痛万分,"涕泣不止",饮食不思,夜不成寐,甚至昏厥。这种真挚爱情发生于帝王身上,还是不多见的。海兰珠与皇太极的婚姻生活只有7年,死时年仅33岁。他们生前恩爱异常,死后同穴共眠,两人情义深浓,可谓无以复加。

(三)西宫麟趾宫贵妃:姓博尔济吉特氏,名那木钟,原是蒙古察哈尔部林丹汗的囊囊福晋,林丹汗西逃身死后,她在天聪九年(1635年)五月二十七日,前来降附后金。皇太极随即于同年七月将她纳入后宫。

皇太极娶那木钟时还有一段小的曲折。当那木钟来降附时,贝勒阿巴泰等多人因为她是"察哈尔汗多罗大福晋",请皇太极"纳之"为妃。皇太极以"先已纳一福晋(即下文要提到的东次宫衍庆宫淑妃巴特玛·璪),今又纳之,于理不宜",而婉言拒之。皇太极命兄长大贝勒代善娶她为妻,大贝勒借口"其贫而不娶"。诸贝勒再三坚请,认为这是"天赐",不是"强娶",皇太极这才同意。皇太极不仅娶了那木钟,还把她带来的一个蒙古女儿收养在宫里(《清史稿·后妃传》),后来又和那木钟生了一个儿子博穆博果尔。这位博穆博果尔后来在顺治朝留下一段其爱妃同顺治相恋的故事,我在下文会讲到。皇太极逝世后,顺治帝加封那木钟为懿靖大贵妃,康熙十三年(1674年),那木钟病死。她生下的林丹汗的遗腹子阿布奈,娶了公主,并在额哲死后,承袭其爵位。她的孙子、阿布奈之子布尔尼,康熙时反叛,被平定,除爵。

(四)东次宫衍庆宫淑妃:姓博尔济吉特氏,名巴特玛·璪,也曾是蒙古察哈尔部林丹汗的窦土门福晋。林丹汗死后,巴特玛·璪于天聪八年(1634年)闰八月二十八日,率众降附后金。第二天,大贝勒代善等举行盛宴欢迎归附的蒙古诸大臣。第三天,大贝勒代善与众和硕贝勒等上奏,请皇太极娶窦土门福晋为妃。《清太宗实录》里记载了这件事。最初,皇太极不从。代善等认为窦土门福晋"委身顺运,异地来归,其作合实由于天,上若不纳,得毋拂天意耶?……皇上修德行义,允符天道,故天于皇上,特加眷佑",皇上恩泽娶她,群庶无不欢欣。皇太极犹豫三天,想到"行师时,驻营纳里特河,曾有文雉,飞入御幄之祥。今福金来归,显系天意,于是意始定"。命希福、达雅齐前往迎娶。护送巴特玛·璪来的蒙古人闻讯后,都高兴地说:"皇上纳之,则新附诸国与我等,皆不胜踊跃欢庆之至矣!"可见皇太极娶林丹汗的遗孀窦土门福晋,有着极大的政治意味。巴特玛·璪嫁给皇太极时,有一个女儿,皇太极把她养在宫里,就是《清史稿·后妃传》记载的"蒙古养女"。皇太极后命十四弟多尔衮纳娶衍庆宫淑妃的"蒙古养女"为福晋。

(五)西次宫永福宫庄妃:姓博尔济吉特氏,名布木布泰,是蒙古科尔沁贝勒塞桑的女儿,中宫皇后哲哲的侄女、

庄妃像

庄妃居住的
永福宫

关雎宫宸妃海兰珠的妹妹。万历四十一年(1613 年)生,天命十年(1625 年)
与皇太极成婚,时年 13 岁,皇太极 35 岁。崇德三年(1638 年),她为皇太极
生了皇九子福临,就是后来继承大清皇位的顺治皇帝。布木布泰长得秀美,
人很聪明,又知礼数,是皇太极后妃中最著名的,也是关系到清朝早期兴亡
的一个关键人物。庄妃在当初似乎不太得宠,皇太极特别钟爱的是庄妃的
姐姐关雎宫宸妃海兰珠。在皇太极死后的政治斗争中,庄妃发挥了调和矛
盾、安定局势的作用。在康熙帝继承大位以及扳倒鳌拜集团的斗争中,孝庄
太后为清朝作出了守成兼创业的贡献。她的历史地位是受到后人肯定的。
当然这位名人的传闻也很多,如下嫁多尔衮、劝降洪承畴等,这些传闻的真
实性有待考证,不过倒是充分反映了她的聪慧、和善、美丽、端庄。布木布泰
死于康熙二十六年(1688 年),享年 75 岁。

　　娶蒙古族女子为福晋,皇太极并不是首创,他是继承了父亲努尔哈赤的
做法。努尔哈赤有 16 位后妃,其中娶自蒙古科尔沁部的有两人。万历四十
年(1612 年),努尔哈赤娶蒙古科尔沁部贝勒明安之女,这是后金大汗与蒙古
贝勒的第一次联姻。万历四十三年(1615 年),明安之弟孔果尔(一作洪果
尔),又以其女送给努尔哈赤为妻。这位蒙古博尔济吉特氏福晋,到康熙四
年(1665 年)才故去,是努尔哈赤后妃中年寿最高的一位。

　　那么,努尔哈赤和皇太极父子为什么在娶后妃时对蒙古族女子情有独

钟呢？这要从满蒙政治因素去思考。

二、政治婚姻

当时中国的政治舞台上，有明朝、蒙古、满洲三大政治势力，明朝和满洲是主要对手，而蒙古是双方都必须争取的政治力量。如果满洲与蒙古联盟，就形成满、蒙两个拳头打明朝的态势；如果明朝与蒙古联盟，就形成明、蒙两个拳头打满洲的态势。因此，满洲要同明朝争天下，关键问题之一就是要建立满蒙联盟。

有人说：满洲与蒙古有共同的政治利益。努尔哈赤就曾经说过，明与蒙古仇雠也。明朝推翻了蒙古人建立的元朝，满洲要利用蒙古与明朝的历史仇结，联合蒙古各部，共同对付明朝。

有人说：满洲与蒙古在生活、习俗、语言、宗教等方面，有共同或相似之处，这为满蒙联姻提供了方便的条件。

这些说法都有一定道理，但在清初出现满蒙联姻的原因，我们还要从政治角度加以具体的分析。

皇太极的“一后四妃”，都姓博尔济吉特氏，而博尔济吉特氏是蒙古黄金家族的姓氏。

所谓蒙古黄金家族，是指成吉思汗的后裔。我们先简单回顾一下这个

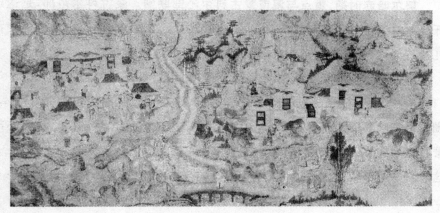

蒙古草原生活图

家族的历史。成吉思汗的后裔在他第十五世孙达延汗时有了大的发展。达延汗，名巴图蒙克，6岁即汗位。他的父亲巴延蒙克，和其叔满都鲁，结成联盟。满都鲁即大汗位，巴延蒙克为济农（相当于辅政、副汗）。后来，因部族之间的纷争，二人同败，相继而死。满都鲁汗的遗孀满都海福晋扶立巴图蒙克即汗位，尊称达延汗，并同他结婚。这年，一说满都海福晋33岁，巴图蒙克汗只有6岁。满都海福晋辅佐年幼的达延汗，执掌政事，发誓报仇，维护黄金家族统治。满都海福晋率军出征，驰骋大漠，打败枭雄，消灭仇敌，巩固统治。达延汗年长后，亲自执政，厉行改革，强化汗权，重分领地。达延汗分封诸子，建左右两翼六个万户——左翼三万户为察哈尔万户、兀良哈万户和喀尔喀万户；右翼三万户为鄂尔多斯万户、土默特万户和永谢布（哈喇慎、阿苏特）万户。左翼三万户由大汗直接统辖，大汗驻帐于察哈尔万户；右翼三万户由济农代表大汗进行管辖，济农驻帐于鄂尔多斯万户。这成为后世蒙古各部落形成的起源，影响极为广泛而深远。达延汗为人"贤智卓越"《李朝成宗大王实录》卷一七五），控弦十万骑。一说他在位74年，享年80岁《蒙古源流》卷六）。

明代后期蒙古已逐渐形成三大部：第一，漠西厄鲁特蒙古，生活在蒙古草原西部直至准噶尔盆地一带；第二，漠北喀尔喀蒙古，生活在贝加尔湖以南、河套以北；第三，漠南蒙古，生活在蒙古草原东部、大漠以南。

漠南蒙古夹在明朝与后金中间，因此后金最早同漠南蒙古发生政治联系和政治联姻。

努尔哈赤时期，重点与漠南蒙古科尔沁部联姻。蒙古科尔沁部，是达延汗分封左翼喀尔喀万户后裔。驻牧在嫩江流域，东邻女真叶赫部，西界蒙古扎鲁特部，南接蒙古内喀尔喀部，北临嫩江上游地区。

蒙古科尔沁部与女真建州部的关系，是从战争开始的。万历二十一年（1593年），科尔沁部贝勒明安率蒙古兵万骑，参加以叶赫为首的九部联军，围攻努尔哈赤的建州部，在古勒山兵败后尴尬地逃回。翌年，"北科尔沁部蒙古贝勒明安、喀尔喀五部贝勒老萨，始遣使通好"《清太祖高皇帝实录》卷二）。这是科尔沁部初次遣使建州。此后，"蒙古各部长遣使往来不绝"《满洲实录》卷二）。

科尔沁部虽遣使与建州和好，但并不认输。万历三十六年（1608年）

三月，建州兵往攻乌拉部的宜罕山城，"科尔沁蒙古翁阿岱贝勒与乌拉布占泰合兵"据守（《满文老档》卷一），科尔沁军遥望建州兵强马壮，自知力不能敌，便撤兵，求盟姻。努尔哈赤不计较科尔沁以往动兵的旧恶。他说："俗言：'一朝为恶而有余，终身为善而不足。'"（《满洲实录》卷三）同意与科尔沁弃旧怨，结姻盟。万历四十年（1612 年），努尔哈赤闻科尔沁贝勒明安的女儿博尔济吉特氏"颇有丰姿，遣使欲娶之。明安贝勒遂绝先许之婿，送其女来"（《清太祖武皇帝实录》卷二）。努尔哈赤以礼亲迎，大宴成婚。这是建州与科尔沁联姻的开始。

天命元年（1616 年），努尔哈赤黄衣称朕，科尔沁贝勒翁果岱之子奥巴（又作鄂巴）与努尔哈赤结盟。不久，奥巴亲谒努尔哈赤，受封土谢图汗，娶努尔哈赤养女、侄子图伦之女为妻。至此，蒙古科尔沁各部，全都归附后金。

努尔哈赤自己娶了两位科尔沁部的格格，又给第八子皇太极娶了两位科尔沁部的格格，第十二子阿济格娶科尔沁部贝勒孔果尔的女儿为妻，第十

《满洲实录》之"（喀尔喀蒙古）恩格德尔来上尊号"图

四子多尔衮娶桑阿尔寨台吉的女儿为妻。

天命汗还以召见、赏赉、赐宴等形式,抚绥科尔沁王公贵族。漠南蒙古科尔沁部成为后金的政治同盟和军事支柱。努尔哈赤采用抚绥分化和武力征讨的两手政策,在蒙古科尔沁部取得完全的成功。

皇太极时期,重点与漠南蒙古察哈尔部联姻。蒙古察哈尔部林丹汗,与天聪汗皇太极同岁。当时察哈尔部实力雄厚,其势力范围,东起辽东,西至洮河,拥有八大部、二十四营,号称四十万蒙古。林丹汗有"帐房千余"(《明神宗实录》卷三七三),牧地辽阔,部众繁衍,牧畜孳盛,兵强马壮,自称全蒙古大汗。林丹汗尝称:"南朝止一大明皇帝,北边止我一人。"(《崇祯长编》卷十一)因之,林丹汗希望恢复大元可汗的事业,南讨明朝抚赏,东与后金争雄,号令漠南蒙古。明朝主要采取"以西虏制东夷"的策略,联合林丹汗,共同抵御后金。林丹汗接受明朝抚赏,妨碍后金攻明。后金为对抗明朝,必须先征抚察哈尔林丹汗。皇太极即位后,西向三次用兵,其主要目标是察哈尔部林丹汗。天聪八年即崇祯七年(1634年),林丹汗兵败,逃至青海打草滩,患疾而死。天聪九年即崇祯八年(1635年),皇太极命多尔衮等统军三征察哈尔部。多尔衮等师至黄河以西托里图地方,遇到林丹汗遗孀苏泰太后及其子额哲大营。苏泰太后是叶赫贝勒金台什的孙女,金台什同皇太极则是姑表兄弟。这次出兵,多尔衮将苏泰太后之弟南褚带在行营中。他将南褚派往苏泰太后营帐,去见其姐苏泰太后及外甥额哲。苏泰太后恸哭而出,与其弟抱见。于是,苏泰太后令子额哲率众出降。

林丹汗有遗孀"八大福晋",分别代表着八支力量。为了妥善安置这些蒙古部落,皇太极娶了囊囊福晋和窦土门福晋,郑亲王济尔哈朗娶了苏泰太后,长子豪格娶了伯奇福晋,七兄阿巴泰娶了俄尔哲图福晋。此外,二兄代善娶了林丹汗之妹泰松公主,皇太极的女儿马喀塔下嫁林丹汗的儿子额哲,多尔衮娶了窦土门福晋的蒙古养女(一说是林丹汗的遗腹女),等等。满洲宗室同察哈尔部联姻,从而构成错综复杂的姻盟关系。

这样,皇太极采取"慑之以兵,怀之以德"的谋略,通过军事、政治和姻盟等手段,征服了蒙古察哈尔部。漠南蒙古,归于一统。

不难看出,皇太极的"一后四妃",虽然不能完全排除感情因素,但基本上是政治婚姻。他通过"一后四妃"，与蒙古科尔沁部、察哈尔部联姻，化敌为友，化仇为亲，有效地促进了清初事业的发展。

三、百年影响

从努尔哈赤开始、皇太极继承并发展的满蒙联姻，对清朝前期乃至整个清朝历史的发展，起了极为重要的作用。

天命朝。努尔哈赤要对付明朝，光靠女真—满洲的力量是不够的。它首先要同蒙古联盟。努尔哈赤兴起时，蒙古各部首领视之为仇敌。科尔沁贝勒明安出兵参加九部联军之战就是一个例证。此战之后，双方态度都有所转变。先是通婚，继是通使，再是结盟，复是设旗，后是重教。蒙古科尔沁部，由原来建州的敌人而成为满洲的朋友。努尔哈赤通过与蒙古科尔沁部联姻，在蒙古各部整体链条上，打开一个化敌为友的缺口。蒙古八旗就是从科尔沁部开始建立的。

天聪朝。皇太极继续其父同蒙古联姻的政策。这个时期，皇太极的妻子不仅有科尔沁部人，而且有察哈尔部人。此外，皇太极的两个幼弟：多尔衮娶蒙古科尔沁部莽古思之妹为妻，多铎娶莽古思之女为妻。这表明漠南蒙古同满洲结成了政治—军事的联盟。

崇德朝。皇太极通过册封蒙古博尔济吉特氏为"一后四妃"，使得满蒙联姻达到清朝史、中华史的顶峰。皇太极和皇后的长女温庄固伦长公主马喀塔嫁给林丹汗之子额哲作妻子。在皇太极登极大典上，额哲用蒙古文宣读表文，承认皇太极不仅是满洲人的皇帝，而且是蒙古人的皇帝。后来睿亲王多尔衮成为衍庆宫淑妃即林丹汗遗孀窦土门福晋的姑爷。此外，崇德元年（1636年），皇太极分封国舅巴达礼为和硕土谢图亲王，国舅吴克善为和硕卓礼克图亲王，固伦额驸额哲为和硕亲王，布塔齐为多罗扎萨克郡王、满珠习礼为多罗巴图鲁郡王等。翌年又封莽古思为和硕福亲王、莽古思大福晋为和硕福妃。

顺治朝。顺治帝的19位后妃中，竟有6位蒙古后妃。其中有：皇后博尔济吉特氏（后降为静妃），皇后博尔济吉特氏及其妹淑惠妃博尔济吉特

满、蒙、汉三体"皇帝之宝"信牌

氏,还有恭靖妃浩齐特博尔济吉特氏、端顺妃阿巴垓博尔济吉特氏、悼妃科尔沁博尔济吉特氏。

康熙朝。康熙帝的40位后妃中,有宣妃科尔沁博尔济吉特氏和慧妃科尔沁博尔济吉特氏2人。但是,康熙帝先后有四位皇后(包括后来追封的),没有一位蒙古博尔济吉特氏。

尔后,雍正帝9位后妃中,没有蒙古后妃;乾隆帝29位后妃中,只有一位豫妃是蒙古博尔济吉特氏;嘉庆帝15位后妃中没有蒙古博尔济吉特氏后妃;道光帝20位后妃中,只有一位孝静成皇后是蒙古博尔济吉特氏;咸丰、同治、光绪、宣统四朝,均没有蒙古博尔济吉特氏后妃。

据《清朝满蒙联姻研究》一书统计:清朝296年间,满蒙宗室联姻86次。我初步统计,清帝蒙古后妃:太祖朝2人、太宗朝7人、顺治朝6人、康熙朝2人、道光朝1人,共计18人,且清太宗的一后四妃、顺治帝的二后四妃,均出自蒙古博尔济吉特氏一门。上述天命、天聪、崇德、顺治、康熙、乾隆、道光七朝中,蒙古博尔济吉特氏共有皇后5人、皇妃13人,其中主要出自科尔沁部。有清一代帝王多从蒙古科尔沁部娶纳后妃,清室公主也多有嫁给科尔沁王公的。在所有来自科尔沁的清初后妃中,以清太宗皇太极的孝庄文皇后最为杰出,她历经天命、天聪、崇德、顺治、康熙五朝,对清朝兴起与强盛作出重大的贡献。

可以看出,上述努尔哈赤的满蒙联姻不同于汉朝的公主下嫁,而是互为亲家。正如乾隆帝后来在诗中所说:"塞牧虽称远,姻盟向最亲。"

蒙古问题曾经困扰明朝二百多年,始终没有得到解决。清朝采取联姻、会盟、赏赐、编旗、朝觐、赈济、围猎、重教等多种手段,使蒙古问题得以解决。蒙古不仅成为清朝的柱石,而且成为北方抵御外敌侵犯的长城。正如康熙皇帝所言:"昔秦兴土石之工,修筑长城。我朝施恩于喀尔喀,使之防备朔方,较长城更为坚固。"(《清圣祖实录》卷一五一)蒙古由明代北部的民族边患,变为清代北国的民族长城。总之,皇太极继承并发扬努尔哈赤满蒙联姻的政策,通过满蒙联姻——血缘与宗族的纽带,加强满蒙联盟——政治与军事的联盟。这是清朝兴起与强盛的一个重要原因,也是皇太极"一后四妃"皆为蒙古博尔济吉特氏之谜的一解。

相关推荐书目

(1)孟　森:《清太祖杀弟事实考》,《明清史论著集刊》,中华书局,2006年

(2)阎崇年:《清朝通史·太宗朝》,紫禁城出版社,2003年

(3)杜家骥:《清朝满蒙联姻研究》,人民出版社,2003年

(4)周远廉:《清太祖传》,人民出版社,2004年

(5)阎崇年:《正说清朝十二帝》(增订图文本),中华书局,2006年

孝庄皇太后朝服像

第三讲
孝庄太后下嫁

  我讲清史的时候,被问到最多的问题,就是孝庄皇太后是否下嫁了多尔衮?可见这个问题是许多清史爱好者所关心的。顺治皇帝福临6岁继位,在他的母亲皇太后博尔济吉特氏和叔父摄政王多尔衮共同辅佐下,度过清朝入关初期的艰难岁月。从顺治帝即位到多尔衮去世,一共是七年的时间。从当时到现在,300多年来,人们在关注这段历史的同时,更多地关注这对叔嫂不平凡的关系,由此引出许多猜测、议论和故事,成为清史研究中的一个疑案。

  本讲分作三个小题目:一、孝庄皇太后,二、睿王多尔衮,三、"太后下嫁"说。

一、孝庄皇太后

  清朝有两位皇太后对清朝政治至关重要,清初的一位是孝庄皇太后,清末的一位是慈禧皇太后。

  孝庄皇太后姓博尔济吉特氏,名字叫布木布泰,是蒙古科尔沁部贝勒塞桑的女儿。布木布泰是皇太极中宫皇后哲哲的侄女、关雎宫宸妃海兰珠的妹妹。万历四十一年(1613年)生,天命十年(1625年)与皇太极成婚,时年

13 岁,皇太极 35 岁。崇德元年(1636 年),封为永福宫庄妃。她于崇德三年(1638 年)为皇太极生下第九子福临,时年 26 岁。皇太极于崇德八年(1643年)死时庄妃 31 岁。这年多尔衮 32 岁。孝庄太皇太后病死于康熙二十六年(1688 年),享年 75 岁。

布木布泰出身于蒙古贵族名门,容貌秀美,聪明知礼。她活了 75 岁,历经天命、天聪、崇德、顺治、康熙五朝,是清初的重要人物,为清朝的守成兼创业作出重大贡献。

第一,身负满蒙联姻重任。天命十年(1625年),13 岁的布木布泰从科尔沁草原来到建州,与 35岁的皇太极成婚。这时皇太极早已同她的姑姑哲哲结婚 11 年了。天聪八年(1634 年),她的姐姐海兰珠也嫁给皇太极。姑姑与侄女三人都嫁给同一个男人,是出于政治的原因,满洲和蒙古科尔沁部建立了姻亲关系,共同开创清朝的事业。布木布泰嫁过来的第二年,丈夫皇太极继承汗位,她从贝勒福晋变成大汗福晋。十年以后,皇太极建国号大清,改元崇德,她又成为崇德皇帝的永福宫庄妃。

宸妃、庄妃之父蒙古科尔沁部忠亲王追封碑

第二,为清皇室生儿育女。布木布泰先后为皇太极生了 4 个儿女。皇太极有 11 个儿子、14 个女儿。其中,庄妃生了皇四女、皇五女和皇七女共 3 个

女儿,崇德三年(1638年),26岁的庄妃又生下皇九子福临,就是后来继承大清皇位的顺治皇帝。这支血脉延续了清朝的帝胤。前文说过,她和皇太极的关系似不如姐姐海兰珠,但从庄妃生育的四个子女看,起码在一段时间里,她和皇太极的关系还是很好的。其四个子女的出生时间如下:

　　皇四女　天聪三年(1629年)生　庄妃17岁

　　皇五女　天聪六年(1632年)生　庄妃20岁

　　皇七女　天聪七年(1633年)生　庄妃21岁

　　皇九子　崇德三年(1638年)生　庄妃26岁

第三,经历三次皇位之争。太后布木布泰亲历了三次后金—清最高权力的争夺,就是后金—清汗位和皇位的斗争。

第一次,公公努尔哈赤死后,尸骨未寒,便发生了汗位之争。她刚刚嫁给皇太极一年,才14岁,没有直接参与这场斗争。但是她目睹了丈夫是怎样用尽心机,排除障碍,脱颖而出,继承汗位。

第二次,丈夫皇太极死后,她不动声色,依靠姑姑、皇后博尔济吉特氏,通过错综复杂的宫廷斗争和关系整合,使儿子福临登上皇位,她自己也成为皇太后。

第三次,儿子顺治帝英年早逝后,她力主子继父位(不是弟继兄位),下懿旨由皇子中出过天花的皇三子玄烨继位,于是,顺治帝旨定玄烨继承皇位,这就是康熙皇帝。

孝庄太后不仅亲临三次大的皇位斗争,而且目睹明末清初的沧桑之变。她在社会变革中,发挥了重要的作用。

第四,守成兼创业功绩大。孝庄太后在清宫62年,身历天命、天聪、崇德、顺治、康熙五朝,青年时帮助丈夫崇德帝皇太极,中年时辅佐儿子顺治帝福临,老年时辅佐孙子康熙帝玄烨。她从来也没有走到政治的前台,但是她的一生对清初政治起到重要影响。

孝庄太后经历清前四帝(太祖、太宗、顺治、康熙),慈禧太后影响了清后四帝(咸丰、同治、光绪、宣统),这是一个很有意思的历史现象。

以上四条,可以看出:孝庄太后布木布泰是一位非凡的女性,也是跨越清初五朝的重要人物。

二、睿王多尔衮

多尔衮（1612～1650 年），是清太祖努尔哈赤生前最钟爱的第十四子，他的母亲是努尔哈赤宠爱的大妃乌拉那拉·阿巴亥。阿巴亥 12 岁嫁给努尔哈赤，共同生活 26 年。努尔哈赤去世时，阿巴亥 37 岁，正值盛年，丰姿饶艳，养育三个儿子：阿济格 22 岁、多尔衮 15 岁、多铎 13 岁。为争夺汗位，皇太极等四大贝勒威逼阿巴亥自缢而死（一说被用弓弦勒死）。母亲死后，多尔衮失去依靠，没有力量同皇太极争夺大位。皇太极继承汗位后，多尔衮跟随皇太极南征北战，成长为能文能武、长于谋略的和硕贝勒、睿亲王。崇德八年（1643 年）皇太极逝世，多尔衮第二次参与了争夺大位的斗争。这一年，多尔衮 32 岁，比皇太极的长子豪格小 3 岁，比庄妃大 1 岁，比顺治帝（1638～1661年）大 26 岁。争夺的结果是：豪格退出，只有 6 岁的福临即位，多尔衮与郑亲王济尔哈朗共同辅政。

第二年，清朝迁都北京，封多尔衮为叔父摄政王。顺治五年（1648 年）十一月，多尔衮被尊为皇父摄政王。顺治七年（1650 年）十二月，多尔衮到塞外围猎，病故于塞外喀喇城，年 39 岁。

多尔衮死后遭到清算，对于他辅政或摄政的功过在很长时间里没有得到公正的评价。直到乾隆三十八年（1773 年），即多尔衮死 123 年后，乾隆帝

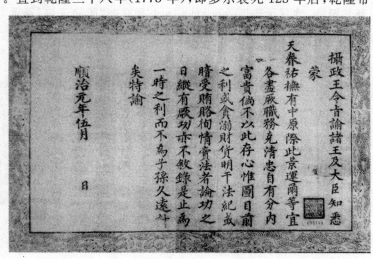

摄政王谕诸王
大臣令旨

才给多尔衮以比较公正的历史评价："定鼎之初,王实统众入关,肃清京辇,奠定中原,前劳未可尽泯";但指出他"摄政有年,威福自尊"。

先看他的六大功绩:

第一,文武兼长,屡立战功。多尔衮能文能武,多次统军出征,"倡谋出奇,攻城必克,野战必胜",屡立大功。出征蒙古,获"制诰之宝";随征朝鲜,立下功勋;率军入塞,克济南府城。

第二,皇位继承,能识大体。有人说,多尔衮一生两次与皇位失之交臂,是个失败者。这是从他个人的得失去考量。但是,两次争夺皇位,特别是第二次争夺皇位,多尔衮以满洲整体利益为重,顾全大局,克己忍让,退出皇位之争。做摄政王后,他一方面把摄政王做到登峰造极的地步;一方面又克制了对皇权的欲望,没有做出篡权夺位的举动。多尔衮能观大局、识大体,在清朝入关的关键时期有效地维护了满洲贵族上层的团结。

第三,抓住时机,统兵入关。在闯王进京、崇祯自缢的重大历史关头,多尔衮采纳大学士范文程等的建议,抓住时机,统兵进关;辅佐年幼的顺治皇帝,移都北京,定鼎中原,建立清朝统治,立下卓越的历史功勋。

第四,定鼎北京,保护故宫。力排众议,迁都北京,保护并利用故明皇宫。在中国皇朝历史上,大一统皇朝利用前朝宫殿,仅此一例。

第五,安定官民,废除三饷。多尔衮进关后,宣布"官仍其职、民复其业、录其贤能、恤其无告"(《清世祖实录》卷四)和宣布"废除三饷"等重大政策。

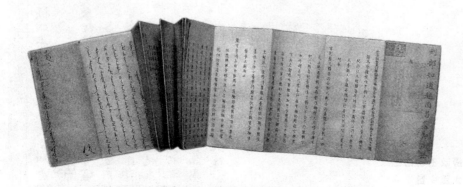

关于厉行剃发令的题本(顺治四年八月初三日)

第六,重用汉官,统一中原。对投降的汉族官员,加以任用,迅速稳定政治局面。"奉世祖(顺治)车驾入都,成一统之业,厥功最著"(《清史稿》卷二一八《多尔衮传》)。

再看他的"六大弊政",即剃发、易服、圈地、占房、投充、逃逃。这些错误的做法,扰乱社会秩序,破坏中原经济,挫伤汉人情感,带来严重后果。所谓"扬州十日"、"嘉定三屠",杀人数字可能有出入,但多尔衮违背皇太极对汉人的政策,杀人过多,是其重大错误。200多年后,辛亥革命提出"驱除鞑虏,恢复中华"的口号,就是对这些政策的不满与反抗。

可以说,多尔衮是一个非常复杂的政治人物,他的功过是非,让人一言难尽,单是那桩以他为男主角的"太后下嫁"疑案,已经让历史学家们千考万索,让老百姓至今还在街谈巷议。

三、"太后下嫁"说

"太后下嫁"说,自民国以来,沸沸扬扬。小横香室主人的《清朝野史大观》,民国五年(1916年)由上海中华书局印行。书中有《太后下嫁摄政王》、《太后下嫁贺诏》、《太后下嫁后之礼制》三条专记太后下嫁之事,并说这是"中国有史以来所未有也"!民国六年(1917年)五月,上海会文堂书局出版蔡东帆(藩)的《清史通俗演义》,其第十八回目《创新仪太后联婚,报宿怨中宫易位》的上半回,说的就是"太后下嫁"。民国八年(1919年),一位作者署名"古稀老人"写了《多尔衮轶事》,书中的《太后下嫁》条,谈到顺治皇帝在多尔衮摄政下"危如累卵",太后认为"非有羁縻而挟持之,不足以奠宗社于泰山之安,故宁牺牲一人,以成大业"。而多尔衮"涎太后之色",常入宫禁。太后为了"卫我母子","两人对天立誓,各刺臂作血书,互执一书",以为凭证。特别是书中安排太后诈崩,在举行隆重丧礼后,再以皇帝乳母身份嫁给多尔衮,故事曲折,引人入胜。民国三十七年(1948年)九月,王浩沅的《清宫十三朝》(又名《清宫秘史》)由文业书局出版,书中描述多尔衮与皇太后相恋事,如《种情根巧救小玉,偿凤愿亲王大婚》、《槐树荫中窥嫂浴,荷花池上捺叔腮》、《香衾卧娇艳经略降清,宫内候兄安亲王戏嫂》、《建新仪摄政娶太后,名

打猎姊妹嫁亲王》等,而布木布泰名"大玉儿"、其妹名"小玉儿",则是王浩沅的乱编之一。此外,还有许啸天的《清宫十三朝演义》等。总之,太后下嫁之事,野史流布,遍及民间。那么,皇太后是否下嫁多尔衮?

关于皇太后下嫁多尔衮的说法及其讨论,下面列出十二条:

第一,关于"建夷宫词"。张煌言《建夷宫词》曰:

> 上寿觞为合卺樽,慈宁宫里烂盈门。
>
> 春官昨进新仪注,大礼恭逢太后婚。(《张苍水全集》)

张煌言(苍水)(1620~1664年)是浙江宁波人,这时他在江南抗清。他

张煌言像

的这首词写在当时,明确写了住在慈宁宫的皇太后又结婚了,所以成为太后下嫁说的一条证据。我们分析一下:

其一,张煌言虽然是当时之人,但是他并没有在北京,而是远在江南。他对清朝的态度是对抗、敌视,那么"远道之传闻,邻敌之口语,未敢据此孤证为论定也"(孟森《明清史论著集刊》)!出在敌人之口,记在异乡之文,不能成为历史的直接证据。

其二,《建夷宫词》是诗词,而不是宫廷档案。诗词可以夸张,也可以比附,所以也不能不加考据,简单地、直接地作为历史的证据。

其三，或谓张冠李戴。顺治六年（1649年）十二月，多尔衮元妃博尔济吉特氏病故，次年（顺治七年）正月，多尔衮纳娶寡居的肃亲王豪格王妃。这件事牵扯到多尔衮与豪格的争斗，又是叔娶侄媳，有悖伦理，朝野内外，议论纷纷。有人认为，张煌言远在江南，也许是听到了误传，把多尔衮娶王妃当作娶孝庄皇太后了。但是他的《建夷宫词》是写于顺治六年，当时还没有发生多尔衮娶豪格王妃之事。

其四，"慈宁宫里烂盈门"一句，是说喜事在慈宁宫里办的，因为皇太后住在慈宁宫。当时有两位皇太后，一位是中宫孝端太后哲哲，写《建夷宫词》时孝端太后已病死；另一位是孝庄太后。但是，根据历史档案记载，慈宁宫在李自成临撤出皇宫时被焚毁，顺治十年（1653年）修葺，皇太后才搬居慈宁宫，多尔衮则死于顺治七年（1650年），他与皇太后怎能在此举行结婚典礼呢！

所以"建夷宫词"说只能是一说，而不能成为历史的依据。

第二，关于"亲到皇宫内院"。多尔衮死后追其罪时，有一条罪状是："又亲到皇宫内院。"（蒋良骐《东华录》）朝鲜《李朝大王实录》也作了相同的记载。在后来修的《清世祖实录》里却删掉了这句话。这说明多尔衮到"皇宫内院"确有其事。而删掉这句话，恰表明事有隐衷。那么，多尔衮到皇宫内院，能说明太后下嫁了吗？

其一，这个皇宫内院是沈阳的皇宫内院，还是北京紫禁城的皇宫内院？没有指明。

其二，多尔衮是"到"皇宫内院，而不是"住"皇宫内院，那么"到"皇宫内院，就一定是太后下嫁给多尔衮了吗？

其三，史家对此做出推测：皇太后与多尔衮也许有暧昧关系。高阳先生说，《东华录》所谓多尔衮"亲到皇宫内院"云云，极有可能是指孝庄与多尔衮相恋的事实。孝庄太后与睿王多尔衮关系暧昧，可能是真，也可能是假，即使是关系暧昧，也不等于太后下嫁了。

其四，也有人认为，如果太后真的下嫁了，多尔衮到皇宫内院也就名正言顺了，而把这一条列为多尔衮的罪状，恰好反证太后并没有下嫁。

所以，"亲到皇宫内院说"不能提供太后下嫁的确凿依据，却道出了

疑点。

第三，关于"下嫁诏书"。 民国时出版了一部书叫《多尔衮摄政日记》，这部书原名叫《皇父摄政王多尔衮起居注》，是一个叫刘文兴的人家里收藏的。在出版之前，他写了一篇《清初皇父摄政王多尔衮起居注跋》，发表在民国三十六年（1937 年）一月二十八日《中央日报·文史周刊》上。文中说："清季，宣统改元，内阁库垣圮（pǐ）。时家君方任阁读，奉朝命检库藏。既得顺治时太后下嫁皇父摄政王诏，摄政王致史可法、唐通、马科书稿等，遂以闻于朝，迄今犹藏诸故宫博物院。"多尔衮致唐通、马科书稿，发表在《清代档案史料丛编》，致史可法书的内容今亦可知。惟有这位刘先生父亲见过的《太后下嫁诏》未见发表，别人也没见过。清宫档案收藏在中国第一历史档案馆和台北故宫博物院文献处，有许多学者专门整理和研究清宫档案，从刘文兴说他父亲见过太后下嫁的诏书，直到现在整整 70 年了，还没有一个人说自己见过这份档案。

既然至今没有见到这份太后下嫁诏，所以这个证据目前还不能成立。如果真的有这份档案，将来随着清宫档案的进一步整理，是一定会被发现

《多尔衮摄政日记》

的。但是有人写书说，刘文兴是个喜欢开玩笑的人，当年为了让自己的书好卖，才故意制造了这么一个噱头。

第四，关于"未葬昭陵"。清朝的皇帝陵分三处：一处是关外三陵——永陵、福陵（沈阳东陵）、昭陵（沈阳北陵），一处是河北遵化的清东陵，另一处是河北易县的清西陵。皇太极葬在关外三陵之一的沈阳北的昭陵。他的一后四妃，孝端皇后于顺治六年（1649年）四月十七日病逝，次年二月骨灰奉移沈阳，入葬昭陵；关雎宫宸妃于崇德六年（1641年）先于皇太极病逝，但后来将宸妃遗骨迁葬到昭陵的妃园寝；衍庆宫淑妃于康熙六年

清宫廷画家绘《昭陵图》

（1667年）病逝，葬入昭陵的妃园寝；麟趾宫贵妃病逝于康熙十三年（1674年），也葬入昭陵的妃园寝。按照清朝陵寝制度，孝庄太后死后应葬在昭陵，就是同皇太极合葬。但是，她不仅没有葬在昭陵，而且葬在清东陵的风水墙外。于是就引出了许多说法。有人说因为孝庄太后下嫁了，死后无颜回昭陵见夫君，所以把她葬清东陵大门旁，给子孙看门。

事实上，孝庄在31岁时丧夫，32岁来到北京，49岁时丧子，75岁即康熙二十六年十二月二十五日（1688年1月27日）去世，至此她已经在关内生活

孝庄皇太后的
昭西陵

了近半个世纪,接受了汉族棺葬的习俗,而她的丈夫皇太极已经逝世44年,是按照满洲的习俗火葬,早已在关外沈阳的昭陵入土为安。所以对于自己的后事,孝庄太皇太后向皇孙康熙帝有过交代:"太宗文皇帝梓宫安奉已久,不可为我轻动。况我心恋汝父子,不忍远去,务于孝陵近地安厝,则我心无憾矣。"就是说,她不愿意惊动太宗皇太极的亡灵,而愿意陪伴英年早逝的儿子顺治。太皇太后死后葬在清东陵的遗命,给皇孙康熙帝出了一道难题:既不能违背祖宗之制,又不能违抗祖母之命,怎么办?康熙帝最后采取了一个临时举措,把太皇太后生前在紫禁城里最喜欢住的寝宫拆了,搬到东陵风水墙外,修起一座"暂安奉殿",将孝庄太皇太后的梓宫(棺材)暂时安置在那里。直到康熙帝逝世,他一直没有解决祖母陵寝的难题。

雍正帝即位以后着手解决这个难题。雍正二年(1724年)二月初五日,雍正帝下谕,追述了孝庄不与太宗合葬、在孝陵附近安厝的遗嘱,说:"朕惟礼经云:合葬非古也。先儒又云:神灵有知,无所不通。是知合与不合,惟义所在。今昭陵安奉日久,若于左近另起山陵,究非合葬之意。且自孝庄文皇后安奉以来,我圣祖仁皇帝历数绵长,海宇乂安,子孙繁衍,想孝庄文皇后在天之灵十分安妥。"经过大臣们反复磋商,终于确定了解决的方案,当年十一月二十一日确定孝庄文皇后陵为昭西陵——将暂安奉殿改建为陵。雍正三年(1725年)十二月初十日,孝庄文皇后梓宫下葬昭西陵地宫。这时,孝庄太后已经逝世整整 37 年。所以她的陵园是重孙子胤禛修建的。雍正皇帝的这个解决方案是很高明的。既遵循了祖制，又满足了孝庄太后的遗愿。

其一，从昭西陵的名称看：太宗文皇帝皇太极陵寝的名称是昭陵，孝庄文皇后陵寝位于太宗昭陵的西边（河北遵化在沈阳西），陵寝的名称是"昭西陵"，所以从名称上确定墓主是太宗皇帝的皇后，昭西陵和昭陵是同一体系。虽然昭西陵紧挨着东陵风水墙，但是它和东陵完全是两个系统。

其二，从昭西陵的规制看：建有重檐庑殿顶的隆恩殿，内外有两道围墙，还建了神道碑亭。这些超过常规的做法，表明了对墓主的尊重，显示出墓主的崇高地位，根本看不出有"轻蔑"的意思，所以"为子孙看守陵门"云云不足为据。

其三，从昭西陵的地位看：因为顺治皇帝是逝世在关内的第一位清朝皇帝，他的祖父努尔哈赤和父亲皇太极都葬在关外，他第一个葬进关内的清东陵，所以顺治皇帝的孝陵理所当然是清东陵的主陵，地位最高。但是孝庄太后是顺治帝的母亲，如葬入东陵就无法显示她的地位。所以雍正皇帝想了一个办法，把孝庄太皇太后的昭西陵安置在东陵风水墙外而单独成陵，这样做可谓一举三得：既表明了和太宗昭陵的关系，又表明了墓主的崇高地位，还实现了孝庄太后陪伴顺治帝的遗愿。

因此，以孝庄皇太后"未葬昭陵"，给"东陵看门"，而断定太后曾经下嫁，显然证据不足。

而且，孝庄太后并不是清朝第一位未同皇帝合葬的皇后，在她下葬之前康熙五十六年（1717 年）顺治帝的孝惠章皇后死后葬在孝陵的东边，后来这座陵就命名为孝东陵。康熙帝死后葬在景陵，他的一后四妃葬入的都是棺椁。从景陵开始，先于皇帝而死的皇后先葬于地宫，但石门不关，一旦皇帝死后葬入地宫，就关闭地宫；死于皇帝之后的皇后，则另建地宫。这成为制度。孝庄太后的下葬在此之后，实际上似乎也借鉴了这种制度。

第五，关于"青梅竹马"。有人说庄妃与多尔衮是"青梅竹马"，自小时候就相恋，所以太后下嫁是有感情基础的。其实，庄妃出生在蒙古科尔沁，多尔衮则出生在满洲赫图阿拉，两地相距甚远，二人并无"青梅竹马"的可能。也有人说在努尔哈赤和皇太极到科尔沁娶亲时，多尔衮跟着去了，见到幼年的庄妃，两人相恋。实际上，努尔哈赤父子虽然都娶了科尔沁女子，但当时是送亲，而不是他们到科尔沁去娶亲，所以多尔衮也不可能去科尔沁见庄妃。庄妃从13岁起就来到爱新觉罗家庭，又和多尔衮年龄相仿，是否会产生恋情，史书不会记载，后人也无法推断。但是即使两人之间有恋情，也不能证明孝庄太后就一定嫁给了多尔衮。

第六，关于"保儿皇位"。有人说孝庄皇太后为了保住儿子福临的皇位，不得不委身于多尔衮。此说站不住脚。年仅6岁的福临能够继位，是当时多种政治势力复杂斗争和相互妥协的结果，而不是由皇太后依靠多尔衮一个人决定。实际上，多尔衮本意是自己继承皇位，根本没打算让侄子福临继位。在和皇二兄代善、皇长侄豪格等激烈角逐之后，他才接受了济尔哈朗等的建议，扶福临即位，自己和济尔哈朗做辅政王。顺治帝即位以后，如果孝庄以"色情"巴结多尔衮，只会让皇权更加容易地落到多尔衮之手。事实上，孝庄皇太后依靠孝端皇太后，对多尔衮既重用、又牵制，采取了非常复杂的政治手段，才使多尔衮最终没有突破摄政王的圈子，而保证了顺治小皇帝的地位。因为皇帝年幼，国事家事都要依靠摄政王，所以孝庄皇太后注意协调与多尔衮的关系。但是由此作为太后下嫁的依据，显然站不住脚。

第七，关于"弟娶其嫂"。满洲确实有"兄死弟娶其嫂"的习俗。清太宗皇太极开始改革满洲的婚姻习俗，规定："不许乱伦婚娶"（《清太宗实录》卷十一），严禁转房婚——不许娶庶母、婶母、嫂子、侄妇等，但没有触动异辈相婚和姐妹同嫁一夫的婚俗。清帝中满洲异辈相婚，入关后顺治帝出现过，后来就再没出现过。姐妹同嫁一夫，康熙帝后妃中有三对亲姐妹，光绪帝曾有瑾妃和

皇父摄政王哀诏

珍妃姐妹。然而，汉族个别也有这种习俗。但有这样的习俗，并不能证明多尔衮就一定娶了他的嫂子。

第八，关于"尊称皇父"。有人说多尔衮被称为"皇父摄政王"，既然被称作是"皇父"，那就证明顺治帝的母亲孝庄太后嫁给他了。崇德八年（1643年）皇太极逝世，顺治帝即位。第二年，清朝迁都北京，封多尔衮为叔父摄政王。顺治五年（1648年）十一月，尊多尔衮为皇父摄政王，"加皇叔父摄政王为皇父摄政王，凡进呈本章旨意，俱书皇父摄政王"（蒋良骐《东华录》卷六）。这就如同后来光绪皇帝尊称慈禧太后为"皇阿玛"一样。无论是叔父摄政王，还是皇父摄政王，都是摄政王的尊称，并不能证明多尔衮做了顺治帝的继父。

第九，关于"朝鲜史证"。类似太后下嫁颁诏告谕这种朝廷大事，照例是应当诏谕属国的。当时作为清朝属国，朝鲜对于清朝发生的大事有详细的记载，留下了珍贵的历史资料《李朝大王实录》。朝鲜的《李朝大王实录》没有"太后下嫁"颁诏告谕的记载。所以有学者推断，根本没有孝庄太后下嫁这件事。

第十，关于"顺治报复"。顺治七年（1650年）十二月，多尔衮病死。不到一个月，顺治帝就拿多尔衮的哥哥阿济格开刀，来惩治多尔衮。顺治八年（1651年）正月初六日，顺治帝就以"和硕英亲王阿济格谋乱"罪，将其幽禁，后来将阿济格赐死。二月十五日，也就是福临亲政一个月零三天，就定多尔衮十大罪状，命将多尔衮削其爵号，撤其庙享，黜其宗室，籍其财产，没其府第，毁其陵墓，继子多尔博归宗。耶稣会士卫匡国在《鞑靼战记》中记载：多尔衮死后被毁挖坟墓，掘出尸体，用棍子打，以鞭子抽，砍掉脑袋，暴尸示众。

有人推断，因为多尔衮逼孝庄太后下嫁，所以才引起顺治帝如此的仇恨。这种说法不能说一点道理都没有，但毕竟是推测，不能作为孝庄太后下嫁的依据。况且少年天子亲政以后，严惩摄政王或辅政大臣，例子是很多的。明朝万历皇帝亲政后，严惩张居正；康熙皇帝亲政后，严惩辅政大臣鳌拜，都是史例。

第十一，关于孝端不允。布木布泰的姑姑孝端皇太后尚在，她不会允许自己的侄女下嫁，败坏皇家的体统，有辱皇家的尊严。

第十二，关于笔记无载。当时在京的大小官员、来京科考的举子，至今没有见到一篇"太后下嫁"的记载。如果说当时怕犯忌讳而正史无载的话，

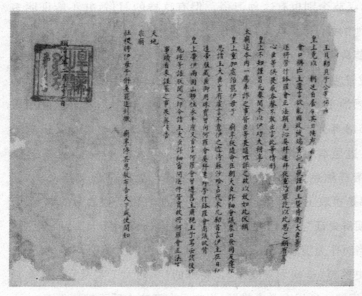

顺治帝追夺多尔衮封典的诏书

可是私家笔记、文集、手稿、秘录等也不见记载。

从以上十二条来看，孝庄太后下嫁多尔衮，既无文献根据，也无档案依据。从目前清史研究的情况看，既没有过硬的材料证明太后下嫁了，也不能完全消除关于太后下嫁的疑问。所以，300多年来，直到今天，孝庄太后下嫁一直是清宫中的一桩疑案。

我们探讨孝庄太后下嫁疑案，起码可以得到以下启示：第一，不要单纯用世俗的眼光看待孝庄太后与多尔衮的关系；第二，弄清事实真相，才可以廓清戏说历史的迷雾；第三，皇太后和多尔衮在皇帝年幼、江山不稳、国运维艰的局势下，以大局为重，和衷共济，形成合力，共度难关，取得胜利，给后人留下宝贵的历史经验；第四，我认为：皇太后布木布泰同摄政王多尔衮的情愫可能有，"太后下嫁"之事确实无。

相关推荐书目

（1）孟　森：《太后下嫁考实》，《明清史论著集刊》，中华书局，2006年

（2）周远廉：《顺治帝》，吉林文史出版社，1993年

（3）周远廉、赵世瑜：《皇父摄政王多尔衮》，吉林文史出版社，1993年

（4）陈捷先：《顺治写真》，远流出版事业股份有限公司，2006年

（5）阎崇年：《清朝皇帝列传》，紫禁城出版社，2007年

顺治皇帝像

第四讲

顺治出家之说

清世祖章皇帝爱新觉罗·福临,是清朝入关以后第一位皇帝,也是清朝历史上第一位冲龄继位的少年天子。他的生命只有短短24年,却给后人留下不少疑问。甚至他的最终归宿,也出现了不同的说法:按照清朝官方的说法,顺治帝因患天花驾崩;而更流行的说法则是,顺治帝因爱妃董鄂氏去世,哀悼过度,进而厌世,弃天下如敝屣,西入五台山为僧。

这是一桩重要的清宫疑案。我从三个方面去破解:一、福兮祸兮;二、因苦结佛;三、患痘而逝。

一、福兮祸兮

顺治帝6岁登极,在清代史、满洲史上开了一个幼童继承皇位的先例。其后有8岁的康熙、6岁的同治、4岁的光绪和3岁的宣统继承皇位,幼帝在清入关后10位皇帝中竟占了5位,其影响可谓至深至远!幼童继位,必有摄政或辅政。《清史稿·诸王传》曰:"以摄政始,以摄政终。"特别是清朝最后的半个世纪,由一位太后连续控制三位儿童皇帝(宣统帝也由其懿旨而定),来统治西方列强觊觎下的中国,成为一段悲痛的历史。

顺治帝名福临,他的命运真和他的名字一样:"福"从天降"临"。为什么这样说呢？

第一，大清皇位，从天而降。崇德八年（1643年），清太宗皇太极突然逝世，从而引发了激烈的皇位之争。当时最有希望得到皇位的，一个是皇太极的长子豪格，一个是睿亲王多尔衮，双方剑拔弩张，互不相让。斗争的结果，双方居然都同意由年仅6岁的福临继承皇位。真是福从天降！

第二，迁鼎燕京，从天而降。清顺治元年即明崇祯十七年（1644年），李自成军攻陷燕京。崇祯帝朱由检在煤山（今景山）自缢而死，大明皇朝灭亡。清摄政睿亲王多尔衮在吴三桂引领下进入山海关城，大战李自成军，获得山海关大捷。此后，一路势如破竹，五月初二日，多尔衮率领清军进入北京城，在武英殿御政。清太宗皇太极曾有遗愿："若得北京，当即徙都，以图进取。"多尔衮遂奏请顺治帝迁都北京，顺治帝自然采纳了多尔衮的意见。同年十月初一日，顺治帝在皇极门（今太和门）举行大典，颁诏天下，定鼎燕京。祖、父28年奋争未能实现迁都燕京的愿望，7岁的福临却实现了。他在多尔衮的辅佐下，"入关定鼎，奄宅区夏"，具有开创之功，因而他身后得到的庙号是"世祖"，而他的父亲皇太极的庙号仅是"太宗"。

第三，亲掌朝纲，从天而降。顺治七年（1650年）摄政睿亲王多尔衮突然逝世，年仅39岁。在多尔衮摄政这7年，小皇帝福临只是一个傀儡，假如多尔衮能活到康熙帝的年龄，则还有30年的时间，顺治帝的政治生活会是一种什么样的局面，实在难以想象。多尔衮的死给了福临亲政的机会，使他18年的皇帝生涯中有11年能够名实相称。从这个意义上说，他的确是有福之人。

但是，作为一个有血有肉有情感的个体生命来说，顺治帝的人生有喜也有悲。

第一，未受系统全面的儒家教育。这里有一段故事。顺治帝曾经把读过的一些书拿给高僧木陈忞看，说：

> 朕极不幸，五岁时先太宗早已宴驾，皇太后生朕一人，又极娇养，无人教训，坐此失学。年至十四，九王薨，方始亲政，阅诸臣章奏，茫然不解。由是发愤读书，每晨牌至午，理军国大事外，即读至晚，然顽心尚在，多不能记。逮五更起读，天宇空明，始能背诵。计前后诸书，读了九

年,曾经呕血。从老和尚来后,始不苦读,今唯广览而已。(木陈态《北游集》,

转引自《陈垣史学论著选》)

可见,在14岁以前,福临没有受过系统的良好的文化教育,亲政后连奏章也看不懂,只好苦读以至呕血。当然,顺治帝后来还是学有所成,广泛涉猎经史子集,通略儒释真谛,文化水平远远超过他的父亲皇太极和祖父努尔哈赤,而且诗、书、画、文都好。顺治帝的指画颇具造诣,台北故宫博物院珍藏顺治帝的画,笔墨清简,神韵溢彩。

　　第二,少年即位承受巨大压力。少年福临作为一个皇帝,承受了太多的责任、期望和压力,很少能够享受到普通孩子的快乐和轻松,与他的年龄很不相称。重压之下,必有反弹。这一点,从他对叔父摄政王多尔衮的报复可以看出。多尔衮是顺治帝的亲人,是他的皇叔父;多尔衮是顺治帝的恩人,他帮助顺治帝登上皇位、稳定政局,并迁都北京、统一中原。但这个强权的摄政王也同时带给小皇帝巨大的心理阴影。福临时时感到孤立无援、仰人鼻息,甚至连见母后也没有充分的自由。顺治七年(1650年)十二月,多尔衮死在塞外喀喇城。第二年正月,顺治帝亲政。二月,便追论多尔衮十大罪状,籍其家产,削其

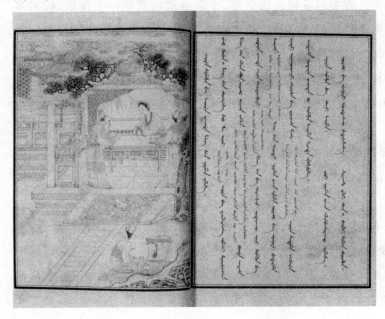

顺治满文译本
《二十四孝》

封典,撤其享庙,诛其党羽。传教士卫匡国的《鞑靼战记》载述:多尔衮死后被毁挖坟墓,掘出尸体,用棍子打,以鞭子抽,砍掉脑袋,暴尸示众。从中可以看出顺治帝长期受压抑之后巨大的反扑力量。

第三,同母后的关系不太协调。福临甚至可能同太后有冲突:一是,顺治帝幼年贪玩,母后管教过严,母子不协,这是家庭中的常理;二是,母后将自己的侄女许给顺治帝做皇后,小皇后出身蒙古科尔沁贵族,从小娇生惯养,姑母是皇太后、姑奶奶也是皇太后,小两口经常发生口角。顺治帝废掉了皇后,又立一位科尔沁贝勒的女儿,顺治帝还是不喜欢;三是,顺治帝宠爱董鄂妃,遭母后反对;四是,要出家当和尚,更是受到母后斥责;五是,母后同多尔衮的关系问题,传言很多,让他难堪。

第四,乳母李氏病死。顺治帝曾对人说:"乳母李氏,当朕诞毓之年,入宫抚哺,尽心侍奉,进食必饥饱适宜,尚衣必寒温应候,啼笑之间曲意调和,期于中节,言动之际,相机善导,务合规程。诸凡襁褓惄懃,无不周详恳挚。睿王摄政时,皇太后与朕,分宫而居,每经累月,方得一见,以致皇太后纾怀弥切。乳母竭尽心力,多方保护,诱掖皇太后,惓念慈衷,赖以宽慰。……乃

盛京实胜寺玛
哈噶喇楼

一旦溘然长逝,深堪悯悼。"(《清世祖实录》卷一四三)

皇帝也是人,皇帝也有苦。福临身边最亲近的人,与母后关系不洽、叔父专权跋扈、皇后废立、兄弟矛盾、爱子夭亡、爱妃早逝、乳保去世,等等,实在是烦恼、痛苦的事情。亲政以后,国事烦扰,更使他心力憔悴。怎样解脱?他在佛界找到了一方清净之地。

二、因苦结佛

大体说来,顺治帝亲政后,前七年因耶稣会士汤若望而受基督教影响较大,后四年因亲近和尚而受佛教影响较大。我着重说一下顺治帝同佛教的关系。

顺治帝笃信佛教,有他生活环境的影响。早在他的祖父努尔哈赤时,佛教已传到赫图阿拉。努尔哈赤常手持念珠,尊崇佛教,并在赫图阿拉建立佛寺。到皇太极时,为搞好同蒙古的关系,崇奉喇嘛教,"重教"成为一项重要的国策,所以在盛京(沈阳)兴建实胜寺,崇奉玛哈噶喇佛,藏传佛教在后金已产生很大影响。顺治帝的母后孝庄皇太后是蒙古族人,自幼受到佛教的熏陶,又年轻寡居,以信佛解脱内心的孤独与苦闷。当时后宫里蒙古族后妃很多,所以慈宁宫里普遍信奉佛教。这些,对年幼的顺治帝有深刻的影响。

然而,真正促使顺治帝结下很深的佛缘,是缘于他的董鄂妃。那么,这位董鄂妃到底是何许人也?

《清史稿·后妃传》记载顺治帝有 4 后、14 妃,共 18 人。《星源吉庆》记载顺治帝有 3 后、16 妃,共 19 人。顺治帝同他父亲皇太极一样,后妃中也有姐妹共侍一夫的,如孝章皇后和淑惠妃就是姐妹。

顺治帝先后册立或追封四位皇后:

第一位是废皇后,蒙古科尔沁部博尔济吉特氏,是他母亲的侄女,聪明而美丽,由摄政睿亲王多尔衮做主定婚、聘娶。顺治八年(1651 年)八月,册立为皇后。二人性格不合,时常发生口角。一天,顺治帝让大学士冯铨查阅并奏报前朝废皇后的历史故事,冯铨等疏谏,并问废后的理由,顺治帝大怒道:"皇后无能,所以当废!"后礼部尚书胡世安等 18 人分别具疏力争。一个叫孔允樾的礼部员外郎奏称："皇后正位三年，未闻失德，特以'无能'二字定废嫡之案，何以服皇后之心？何以服天下后世之心？君后犹父母，父欲出母，即心知母过，犹涕泣以谏，况不知母过何事，安忍箝口而不为母请命？"顺治帝把这件事下发诸王大臣会议。会议结论是：皇后仍然居中宫。命再议。顺治帝坚持己见，奏报皇太后，并得到懿准，废掉皇后，降为静妃，改居侧宫。直到顺治帝病重，废后请求见顺治帝一面，仍被拒绝。

第二位是孝惠章皇后，蒙古科尔沁部博尔济吉特氏，顺治十一年（1654年）五月，年14岁，聘为妃。六月，册为皇后。她不久又受到顺治帝的责斥。这位皇后能委屈圆通，又有太后呵护，才未被废掉，至康熙五十六年（1717年）死，享年77岁。

第三位是孝康章皇后（追封），姓佟佳氏，都统佟图赖之女，是康熙皇帝的生母。顺治十一年（1654年）生玄烨，年14岁。康熙二年（1663年）病死，年24岁，时康熙帝10岁。

第四位是孝献章皇后（追封），董鄂氏，就是顺治帝最宠爱的董鄂妃。《清史稿·后妃传》记载："孝献皇后栋鄂氏，内大臣鄂硕女，年十八入侍。上眷之特厚，宠冠后宫。"顺治帝对董鄂妃可谓是一见钟情，至死不渝。

这位董鄂妃的身世，也是清宫的一桩疑案。她的身世有三说：有人说董鄂妃就是江南名妓董小宛；也有人说，她曾经是福临同父异母弟博穆博果尔的福晋；《清史稿·后妃传》则说她姓栋鄂氏。

根据耶稣会士汤若望的回忆录和陈垣先生的考证，她似乎就是福临夺其十一弟襄亲王博穆博果尔之爱。董鄂氏聪敏俊丽，明秀婉惠，诵经习书，善解人意，而博得顺治帝的宠爱。两人情意缠绵，火热爱恋。但事被博穆博果尔发觉，董鄂氏遭到夫君的严斥。董鄂氏受了委屈，找顺治帝哭诉。顺治帝闻知后，狠狠地打了博穆博果尔一个耳光。博穆博果尔心情痛苦、愤怒，但事情发生于当今皇兄身上，是没有地方讲理的。于是，博穆博果尔只有两条路可供选择：一是忍，二是死。博穆博果尔于顺治十三年（1656年）七月初三日，或是忧愤致死，或是自杀而死。顺治帝在其27日服满后，干脆将董鄂氏娶进承乾宫。

有几件事可以说明少年天子对董鄂妃的恩爱逾常。

一是晋升之速、典礼之隆。董鄂氏在顺治十三年（1656年）八月二十五日被册为"贤妃"，仅一月有余，即九月二十八日晋为"皇贵妃"，这样的升迁速度，历史上十分罕见。十二月初六日，顺治帝还为董鄂妃举行了十分隆重的册妃典礼，并颁恩诏大赦天下。在有清一代近300年的历史上，因为册立皇贵妃而大赦天下的，这是仅有的一次。

二是尽改旧习、专宠一人。据当时的传教士汤若望记述，少年福临"和一切满洲人一个样，而肉感肉欲的性癖尤其特别发达"，结婚之后，"人们仍听得到他的在道德方面的过失"。可见，福临确实沾染了满洲贵族子弟那种好色淫纵之习。可是奇迹出现了，自从遇到董鄂妃后，少年天子变得专一起来。两人情投意合，心心相印。可谓"长信宫中，三千第一"、"昭阳殿里，八百无双"，真是六宫无色、专宠一身，董鄂妃受到专宠。

**董鄂妃居住
过的承乾宫**

三是隆遇董鄂妃所生的皇四子。顺治十四年（1657年）十月初七日，董鄂氏生下一位皇子。顺治帝福临非常高兴。但事有不巧，小皇子出生3个月，未命名，便夭折。这件事对董鄂妃打击实在太大了。自从她嫁给皇上，虽然受到宠爱，但是也受到其他后妃的嫉妒和不满，特别是孝庄太后的不满。她最大的期望就是生一位皇子，将来母以子贵，作为晚年的依靠。没想到儿子还没有来得及起名字就死了。顺治帝也非常悲伤，为了安慰董鄂妃，追封这位早夭的儿子为和硕荣亲王，并在蓟州黄花山下修建"荣亲王园寝"。墓碑刻：和硕荣亲王，朕第一子也。本来是皇四子，却被称为第一子，说明这位皇子及其生母董鄂妃在顺治帝心目中的重要地位。

几乎就在同时，顺治帝在太监的精心安排下，同憨璞性聪和尚见面。憨璞性聪是第一位被顺治帝召见的著名和尚。憨璞性聪,福建延平人,18岁为僧。顺治十三年(1656年)五月住京师城南海会寺。十四年(1657年)初,顺治帝驾幸南海子,途经海会寺,召见憨璞性聪,两人相谈甚欢。十月初四日,又召憨璞性聪进入大内,后在西苑(今中南海)万善殿与憨璞性聪对话。顺治帝问:"从古治天下,皆以祖祖相传,日对万机,不得闲暇,如今好学佛法,从谁而学?"憨璞性聪答:"皇上即是金轮王转世,夙植大善根、大智慧,天然种性,故信佛法,不化而自善,不学而自明,所以天下至尊也!"憨璞性聪的巧言阿谀,让顺治帝觉得很欢心。憨璞还巴结顺治帝身边的太监。他有赠太监的诗10首,对太监歌颂备至。比如,《赠弗二曹居士》云:

> 玉柱擎天宰老臣,朝纲德政施仁民。
>
> 珠玑满腹饱儒业,心意朗明通教乘。
>
> 昔日灵峰亲嘱咐,今时法社赖维屏。
>
> 昆耶不二默然旨,犹胜文殊多口生。(《憨璞性聪语录》,转引自《陈垣史学论著选》)

憨璞性聪是一位政治和尚。因为他会逢迎皇上,又广交太监,所以受到顺治帝的宠信,多次被召到宫里,向皇帝讲授佛法,并被赐以"明觉禅师"封号。在憨璞性聪的影响下,顺治帝对佛教的信仰,愈学愈虔,愈修愈诚。

憨璞性聪还推荐了南方来的三位高僧——玉林琇、木陈忞、茚(áng或yǎng)溪森,他们对顺治帝影响至深。

玉林琇(1614～1655年),江苏人,俗姓杨,出身于名门巨族。他受父亲影响,从小就虔诚奉佛,18岁时入磐山寺,23岁即就任浙江湖州报恩寺住持,道风严峻,声名远扬,与憨璞之师祖费隐通容是同辈。经憨璞性聪推荐,顺治十五年(1658年)九月,顺治帝遣使宣诏玉林琇入京说法。玉林琇先是辞谢不应,以示遗民风骨,经顺治帝三次邀请,直至十六年(1659年)正月才姗姗启程,二月十五日入京见帝。玉林琇施展其奇特之才和高深禅理,机敏巧妙奏对,甚蒙顺治帝推崇。顺治帝屡至玉林琇馆舍请教佛道,以禅门师长相待,并请他给自己起法名,说"要用丑些字样"。玉林琇拟十余字进览,"世

北京悯忠寺(法源寺),顺治帝曾于顺治十四年派憨璞性聪住持该寺

祖自择痴字",取法名"行痴",法号"痴道人"。对玉林琇的弟子,顺治帝"俱以法兄师兄为称"。玉林琇称赞顺治帝是"佛心天子"。顺治帝初赐玉林琇以"大觉禅师"称号,不久晋"大觉普济禅师",后加封为"大觉普济能仁国师"。玉林琇于顺治十六年(1659年)四月十六日出京,十七年(1660年)十月十五日应召再次至京,此时正是董鄂妃仙逝、顺治帝万念俱灰的时候,顺治帝总有剃度出家的念头。第二年二月十五日,玉林琇南还。据说玉林琇为人"阴鸷",平常寡言多思,而野心极大,"阳为忘荣谢宠,而实阴行其沽名钓誉之术"。他晚年因弟子仗势强占地产与邻近民人争讼,致使寺庙被焚毁。后玉林琇"终日危坐"而死。他著有《大觉普济玉林国师语录》(附年谱)等。

木陈忞,广东茶阳人,出身于书香门第,幼年修行,明崇祯十五年(1642年)住持宁波天童寺。他编过《新蒲绿》诗文集,抒发不满清朝统治的情绪,但后来投靠清廷。有人写诗讽刺他说:"从今不哭新蒲绿,一任煤山花鸟愁。"木陈忞是比玉林琇伴帝更久、影响更大的名僧,也是一位政治和尚。顺治十六年(1659 年)九月应召入京,第二年五月南还。木陈忞在京 8 个月,受到顺治帝尊崇,下榻于西苑万善殿,被赐封"弘觉禅师"尊号。顺治帝尊称他为"老和尚",以师礼事之,自视为弟子。一次顺治帝对木陈忞说:朕想前身一定是僧人,所以一到佛寺,见僧家窗明几净,就不愿意再回到宫里。要不是怕皇太后罣(guà)念,那我就要出家了!可见木陈忞确有一套手法,使皇帝受他摆布。两人除了参禅问佛以外,还道古论今,臧否人物,评议时政,话题广泛,语意投机。他称赞顺治帝"夙世为八股时文、诗词书法,以及小说《西厢记》、《红拂记》等",是和尚转世来的。顺治帝对木陈忞的书法非常赞赏,誉其楷书是"字画圆劲,笔笔中锋,不落书家时套",赞他是"僧中右军"。顺治帝对他讲过一些心里话,如想出家、终宵失眠、身体瘦弱等。后来雍正皇帝不满于木陈忞记事文字中有不少漏泄顺治宫廷秘事,对其后世弟子加以打压,致其衰落。他有《弘觉语录》、《百城集》、《北游集》等传世。

茚溪森,广东博罗人,父黎绍爵曾任明朝刑部侍郎。茚溪森出家为僧后,作为玉林琇的大弟子,足足有一年半的时间在京说法,伴帝最久。茚溪森与顺治帝相处时间最长,奏对默契,甚得帝宠,顺治帝曾多次欲封他为禅师,茚溪森因师父玉林琇已获此号,师徒不便同受封号,竭力奏辞。顺治帝亲笔大书"敕赐圆照禅寺"的匾额,命杭州织造恭悬于昔日茚溪森住持之浙江仁和县龙溪庵,以示荣宠。

这些和尚宣扬的佛法理念,可能在一定程度上缓解了顺治帝治国的压力,而真正让他下决心放弃万乘之尊皈依佛门的,还是董鄂妃的死。

董鄂妃之死,对顺治帝的打击是致命的。

顺治十七年(1660 年)八月十九日,22 岁的董鄂妃因承受不住失去幼子之痛,在承乾宫病死。顺治帝悲不欲生,"寻死觅活,不顾一切,人们不得不昼夜看守着他,使他不得自杀"。顺治帝辍朝五日,追谥董鄂妃为端敬皇后。在景山建水陆道场,大办丧事。将宫中太监与宫女 30 人赐死,让他们在阴间侍候端敬皇后董鄂氏。命全国服丧,官员一月,百姓三日。茚溪森和尚在景山寿椿殿主持董鄂后火化仪式,顺治帝为董鄂氏收取灵骨(骨灰)。顺治帝让学士撰拟祭文,"再呈稿,再不允"。后由张宸具稿,"皇上阅之,亦为堕泪"。以顺治帝名义亲制的《行状》数千言，极尽才情，极致哀悼，历数董鄂氏的嘉言懿行，慧品洁德。

顺治帝失去董鄂妃后，万念俱灰，决心遁入空门。有记载统计，从该年九月到十月两个月中，顺治帝曾先后访问茆溪森的馆舍38次，相访论禅，彻夜交谈，完全沉迷于佛的世界。最后命令茆溪森为他剃度，决心"披缁山林，孤身修道"，就是要放弃皇位，身披袈裟，孤身修道。茆溪森起初劝阻，顺治帝不听，最后只好帮顺治帝剃光了头发。这一下皇太后着急了，火速叫人把茆溪森的师傅玉林琇召回京城。玉林琇到北京后大怒，下令叫徒弟们架起柴堆，要烧死茆溪森。顺治帝无奈，只好答应蓄发，茆溪森才得免一死。后来茆溪森临终时作偈语说："大清国里度天子，金銮殿上说禅道！"就是说的他同顺治帝的特殊关系。茆溪森死后，弟子为他编辑语录，书名《敕赐圆照茆溪森禅师语录》。

北京慈寿寺塔

这件事过去不久，顺治帝又听从玉林琇的建议，命选僧1500人，在阜成门外八里庄慈寿寺，从玉林琇受菩萨戒，并加封他为"大觉普济能仁国师"。有一次顺治帝和玉林琇在万善殿见面，因为一个是光头皇帝（新发尚未长出），另一个是光头和尚，所以两人相视而笑。顺治帝问玉林琇："朕思上古，惟释迦如来舍王宫而成正觉，达摩亦舍国位而为禅祖，朕欲效之如何？"就是说，释迦牟尼，舍去王子的豪华生活，29岁出家，经过苦行，在菩提树下"成道"，成为佛教的始祖；达摩（菩提达摩），南天竺人，舍弃王位，面壁九年，为禅宗始祖。自己要效仿他们。玉林琇回答："若以世法论，皇上宜永居正位，上以安圣母之心，下以乐万民之业；若以出世法论，皇上宜永作国王帝主，外以护持诸佛正法之轮，内住一切大权菩萨智所住处。"就是劝阻顺治帝不要出家为好。

这次谈话两个月后，宫内传出顺治帝驾崩的消息，皇家办丧事，噩耗传天下。

三、患痘而逝

顺治十八年（1661年）正月初七日，顺治帝驾崩，年仅24岁，实际寿命只有22岁11个月。正当青春年华的皇帝居然这么快就去世了，所以他的死因引起人们的种种猜测。他去世前频繁接触僧人寺院，多次表示想出家的愿望，所以人们猜测最多的，就是他是不是没有死，而是出家了。

持顺治帝出家说者，举出三个证据：其一，文字之证——吴梅村《清凉山赞佛诗》；其二，事实之证——康熙帝奉太皇太后屡幸五台，必有所为；其三，文物之证——光绪二十六年（1900年），两宫西狩，道经晋北，供御器具，地方无从措备，借自五台佛寺，宛然内廷器物，更相信寺中必为帝王所居。我在下面一一加以分析。

第一，所谓诗文证据。吴梅村《清凉山赞佛诗》云："房星竟未动，天降白玉棺。惜哉善财洞，未得夸迎銮"四句，有人说是指顺治皇帝没有归天，而是"西行"到西天出家了。当时与后世有不少人认为，吴梅村在清朝中央做过官，他以见闻入诗，应该可以相信。

第二，康熙幸五台山。康熙一生先后3次东巡，6次南巡，3次西征，6次西巡，20次去避暑山庄，48次去木兰围场。在6次西巡中，5次"幸五台山"：

第一次，康熙二十二年（1683年）二月甲申（十二日），"上幸五台山菩萨顶"，后登南台、东台、北台、中台、西台。丙申（二十四日）下五台山。

第二次，康熙二十二年（1683年）九月己卯（十一日），"上奉太皇太后幸五台山"起行。十九日，康熙帝登上菩萨顶，太皇太后没有登上菩萨顶。

第三次，康熙三十七年（1698年）正月癸卯（二十七日），"上巡幸五台山"

康熙出巡图

起行，二月癸丑（初九日）"上驻菩萨顶"。

第四次，康熙四十一年（1702年）正月庚戌（二十八日），"上幸五台山"起行，二月辛酉（初九日）康熙帝驻跸菩萨顶。

第五次，康熙四十九年（1710年）二月丁酉（初二日），"上巡幸五台山"起行，戊申（十三日）康熙帝驻跸五台县射虎川地方，未登菩萨顶。（《清圣祖实录》卷二四一）

以上史料说明：康熙帝在他父亲死了22年之后才第一次到五台山，五次巡幸五台山中有一次没有登上菩萨顶，太皇太后只去五台山一次且未上菩萨顶。这些从一个侧面说明：康熙帝登五台并不是为了看望他的父亲，否则何不早去，而要等到22年之后呢？至于太皇太后连菩萨顶也没有登，显然不是为了看出家的顺治皇帝。

第三，所谓宫廷用具。康熙帝先后五次到五台山，为生活方便，也为减省当地费用，有些器具从皇宫带去，所以会留下一些器物，这同顺治帝出家没有必然的联系。

由上述分析可见，顺治帝出家的说法不足为信。实际上，他的确是患天花病死。有哪些证据呢？

第一,《世祖实录》记载。顺治十八年(1661年)正月初一日,顺治帝没有视朝,初二日"上不豫",初四日"上大渐",初七日"上崩于养心殿"。

第二,当事人的记载。曾为顺治帝撰拟董鄂妃祭文的内阁官员张宸记载:"传谕民间勿炒豆,勿燃灯,勿泼水,始知上疾为出痘。……十四日,焚大行御冠袍、器用、珍玩于宫门外。时百官哭临未散,遥闻宫中哭声,沸天而出,仰见皇太后黑素袍,御乾清门台基上,南面,扶石而立,哭极哀。诸宫娥数辈,俱白帕首、白衣从哭,百官亦跪哭。"(张宸《青琑集·杂记》)

第三,两位高僧记载。《玉林国师年谱》记载:"顺治十八年正月初三,中使马公二次奉旨至万善殿云:'圣躬少安。'师集众展礼御赐金字《楞严经》,绕持大士名一千,为上保安。初四,李近侍言:'圣躬不安之甚。'初七亥刻,驾崩。初八日,皇太后慈旨,请师率众即刻入宫,大行皇帝前说法。……二月初二,奉旨到景山,为世祖安位。"玉林琇和尚亲临顺治帝的大殡。

《敕赐圆照茚溪森禅师语录》记载:辛丑(顺治十八年)二月初三日,钦差内总督满洲大人通议銮仪正堂董定邦,奉世祖遗诏到圆照(指杭州圆照寺),召师进京举火,即日设世祖升遐位。……四月十六日,茚溪森奉旨至京,表贺康熙皇帝。过了几天,"诣世祖金棺前秉炬"火化。同书卷二又记:火化时,茚溪森在景山寿皇殿"秉炬,曰:'释迦涅槃,人天齐悟,先帝火化,更进一步。'顾左右曰:'大众会么?寿皇殿前,官马大路。'遂进炬"(卷六《佛事门记》)。顺治帝临终前说:"祖制火浴,朕今留心禅理,须得秉炬法语……"按照他的遗愿,顺治帝死后被火化,由茚溪森和尚主持。茚溪森和尚在景山寿皇殿,

孝陵神道

亲自为顺治帝遗体秉炬火化。

　　第四，王熙自定年谱。顺治帝病危时，翰林院掌院学士王熙起草《遗诏》。《王熙自定年谱》记载：顺治十八年（1661年）正月初二日，顺治帝前往悯忠寺（今法源寺）观看代他出家的替身吴良辅祝法为僧，回来后"圣躬少安"，就是顺治帝突然病倒，病情严重。第二天，顺治帝召王熙到养心殿，赐坐，赐茶。第三天，召入养心殿，"圣躬不安之甚"。初六日子夜，又召王熙到养心殿，说："朕患痘，势将不起。尔可详听朕言，速撰诏书。"王熙在榻前书写，然后退到乾清门下西围屏内，根据顺治帝的意思，撰写《遗诏》，写完一条，立即呈送。一天一夜，三次进览，三蒙钦定。日入时始完。至夜，圣驾宾天，泣血哀恸。《遗诏》到初七日傍晚撰写修改完毕。当夜，顺治帝就去世了。

　　第五，西洋人的记载。《汤若望传》记载："顺治对于痘症有一种极大的恐惧，因为这在成人差不多也总是要伤命的。在宫中特为侍奉痘神娘娘，是另设有庙坛的。或许是因他对于这种病症的恐惧，而竟使他真正传染上了这种病症。在这个消息传出宫外之后，汤若望立即亲赴宫中，流著眼泪，请求容许他觐见万岁。……顺治病倒三日之后，于一六六一年二月五日到六日之夜间崩驾，享寿还未满二十三岁。"

　　第六，还有一条旁证。顺治帝死后，在考虑他的继位者时，孝庄太后最终选定了玄烨，理由之一是玄烨已经出过天花。可见顺治帝因患天花而英年早逝，深深震动了他的母后以至朝廷。

　　综上，官方记载与私人记述，当时中国人与外国人，中央官员与出家和尚，都一致说顺治帝死于天花。所以，我认为：顺治帝不是出家了，而是病死了。

相关推荐书目

　　（1）孟　森：《世祖出家事考实》，《明清史论著集刊》，中华书局，2006年

　　（2）周远廉：《顺治帝》，吉林文史出版社，1993年

　　（3）阎崇年：《正说清朝十二帝》（增订图文本），中华书局，2006年

　　（4）陈捷先：《顺治写真》，远流出版事业股份有限公司，2006年

　　（5）阎崇年：《清朝皇帝列传》，紫禁城出版社，2007年

康熙帝晚年读书像

第五讲
康熙太子立废

康熙帝玄烨,8岁登极,在位61年,享年69岁,庙号圣祖,谥号仁皇帝。康熙皇帝是中国历史上有文字记载以来,在位时间最长的君主。康熙帝革除旧制,施行新政,勤于国事,好学不倦,御敌入侵,山河一统,治河重农,提倡文教,奠下了清朝兴盛的根基。康熙帝"虽曰守成,实同开创焉",开启了"康乾盛世"的大局面,他的功业和治术受到当世以及后代史家的推崇。然而,即使是康熙帝这样的一代"圣主",也照样有解决不了的难心事,就拿皇位继承来说,太子是立了废、废了立,两立两废,始终没有得到自己希望的圆满的结果。

一、康熙皇子与立储原因

康熙帝有35个儿子,其中排序的有24位。这里先交代一下康熙帝皇子们的名字。

皇子命名 前九个皇子起名,主要是采纳了太皇太后的意见,老大叫承瑞,老二叫承祜(hù),老三叫承庆,老四叫赛音察浑,老五叫保清,老六叫长华,老七叫保成,老八叫长生,老九叫万黼。这种现象反映了满汉文化的交融。康熙二十年(1681年)以后,康熙帝按"胤"字排行,为皇子命名。如原老五保清排序皇长子改名胤禔（zhī），原老七保成为皇太子改名胤礽（réng）。雍正帝胤禛（zhēn）即位后，为避名讳，除自己外，其他皇兄弟都避讳"胤"字而改为"允"字排行。但是，皇十四弟"胤禛（zhěn）"的两个字都改了，改名"允禵（tí）"。这样，康熙帝的皇子们有的有两个名字，有的有三个名字。

康熙帝排序的 24 位皇子中，除去夭折 4 人、出继 1 人，还有 19 人，康熙帝临终前未满 16 岁的有 5 人。所以，可以考虑皇位继承的只有 14 人。他们是：

皇长子	胤禔（zhī）	1672 年生
皇次子	胤礽（réng）	1674 年生
皇三子	胤祉（zhǐ）	1677 年生
皇四子	胤禛（zhēn）	1678 年生
皇五子	胤祺（qí）	1679 年生
皇七子	胤祐（yòu）	1680 年生
皇八子	胤禩（sì）	1681 年生
皇九子	胤禟（táng）	1683 年生
皇十子	胤䄉（é）	1683 年生
皇十二子	胤祹（táo）	1685 年生
皇十三子	胤祥	1686 年生
皇十四子	胤禵（tí）	1688 年生
皇十五子	胤禑（wú）	1693 年生
皇十七子	胤礼	1697 年生

立储原因 康熙帝在 22 岁时就立胤礽为皇太子，他为什么在自己如此年轻的时候就急着确定皇储呢？主要原因有五：

第一，满洲历史教训。康熙帝的曾祖父努尔哈赤、祖父皇太极临死之前都没有公开确定并宣布皇位继承人，努尔哈赤死后由八旗旗主公推新汗，皇太极死后由实力较强的诸王、大臣议立新君。由此引起争夺大位的事件，几乎兵戎相见，使政权濒于分裂的危险。

第二，皇权旗权矛盾。皇权是指皇帝的权力，旗权是指八旗贵族的权力，二者有统一、也有矛盾。天命末、崇德末的皇位继承，旗权占主导地位。

顺治朝由诸王、大臣议立新君的制度开始发生变化。顺治帝24岁病逝前，想不遵祖制，以从兄弟为继承人。但他的愿望没有实现。最后由顺治帝与孝庄太后、诸王、大臣等商量，决定由皇三子玄烨来继承皇位，四大臣索尼（正黄旗）、苏克萨哈（正白旗）、遏必隆（镶黄旗）、鳌拜（镶黄旗）辅政，皇权与旗权取得了折衷。康熙帝立皇太子，为的是强化皇权，削弱旗权。

第三，学习汉族经验。康熙帝学习并接受汉族儒家经典，研究中国历朝统治经验，深悉预立储君有利于皇权的连续性与稳固性，是巩固清王朝统治的头等政治大事。他开始接受历代皇位继承的经验，特别是明朝皇位嫡长制（正妻长子）继承皇位的历史传统。

第四，平定叛乱所需。当时发生"三藩"之乱，伪托"朱三太子"蛊惑人心，以之为号召，煽动起叛乱，使康熙帝看到"太子"威力之大。他命杀掉吴三桂唯一的儿子、在北京做人质的额驸吴应熊，以丧其志，绝其望；同时，自己也立皇太子，以为身后预作准备，并有壮大声势、稳定人心、加强皇权、巩固统治的作用。

第五，还有特殊原因。皇太子胤礽的生母是皇后赫舍里氏，出身显赫，她的爷爷索尼是辅政大臣、一等公，她的父亲噶布喇是康熙朝的领侍卫内大臣，她的叔叔索额图则官至大学士。赫舍里氏12岁嫁给玄烨，两人恩爱，但不

胤礽之母孝诚仁皇后朝服像

幸在生育胤礽时因难产而死,年仅 22 岁。康熙帝与这位早逝的皇后感情很深。举个例子:康熙十三年(1674 年)五月初五日,赫舍里氏去世后第三天,梓宫迁于紫禁城西,直到二十七日,康熙帝几乎每天都去举哀;后来他亲自将梓宫送往昌平巩华城,从六月到十二月,他去巩华城 34 次,第二年又去了 24 次,第三年去了 15 次。有学者统计,从康熙十三年到十六年,他一共去了 80 次。这四年里,每逢腊月二十九,他都去巩华城陪伴亡灵。母因子死,子以母贵。康熙帝对这位嫡长子格外关爱,决定改变曾祖父、祖父、父亲三代皇位继承制度,而实行皇位嫡长继承制,预立胤礽为储君。

二、太子一立与太子一废

首立太子 康熙十四年(1675 年)十二月十三日,只有 22 岁的康熙帝亲临太和殿,参照汉族的"嫡长制",册立刚满周岁的嫡长子胤礽为皇太子,"以重万年之统,以系四海之心"(《清圣祖实录》卷五八)。设立詹事府满、汉詹事。詹事府是一个中央机关,主官为詹事,满、汉各一人,正三品(相当于副部级),本是皇帝的文学侍从、日讲官,康熙二十五年(1686 年)后,詹事汤斌等为皇太子老师、上书房师傅。

太子教育 康熙帝特别关心皇太子的成长,比对众皇子的教育倾注了更多的心血。太子幼小时候,康熙帝就开始亲自为他授课:"上在宫中亲为东宫讲授'四书'、'五经',每日御门听政之前,必令将前一日所授书背诵、复讲一过,

皇太子宝

务精熟贯通乃已。"（章乃炜、王蔼人编纂《清宫述闻》）太子稍长，康熙帝向他传授治国之道，教导皇太子以祖宗为楷模，守成基业；又传授经史，借鉴历史经验，体察人心向背，并带他外出视察。

皇太子6岁拜师入学，先后有张英、李光地、熊赐履、汤斌等名儒任皇太子的老师。皇太子13岁时，康熙帝仿照明朝教育东宫的做法，正式让皇太子出阁读书，多次在文华殿为满、汉大臣讲解儒家经典。

皇太子天资聪颖，学业进步很快。史载：皇太子"通满、汉文字，娴骑射，从上行幸，赓咏斐然"（《清史稿》卷二二〇《允礽传》）。而且身体健壮，眉清目秀，一表人才，康熙帝非常喜爱。

委以重任 康熙三十五年（1696年）、三十六年（1697年），康熙帝三次亲征噶尔丹，先后有十多个月的时间不在京城，他命22岁的皇太子胤礽坐镇京师处理朝政："代行郊祀礼；各部院奏章，听皇太子处理；事重要，诸大臣议定，启皇太子。"（《清圣祖实录》卷一七一）由于皇太子恪尽职守，"举朝皆称皇太子之善"（《清圣祖实录》二三四）。康熙帝也很满意，他给皇太子的朱批说："皇太子所问，甚周密而详尽，凡事皆欲明悉之意，正与朕心相同，朕不胜喜悦。且汝居京师，办理政务，如泰山之固，故朕在边外，心意舒畅，事无烦扰，多日优闲，冀此岂易得乎？朕之福泽，想由行善所致耶！朕在此凡所遇人，靡不告之。因汝之所以尽孝以事父，凡事皆诚恳惇切，朕亦愿尔年龄遐远，子孙亦若尔之如此尽孝，以敬事汝矣。因稔知尔诸事谨慎，故书此以寄。"（《宫中档康

胤礽居住的毓庆宫

熙朝奏折》第八辑《满文谕折》)这个时期,皇太子已经进入青年时期,康熙帝开始在实践中锻炼他,对他充分信任,寄予莫大希望。

这时,康熙帝自己进入中年,皇子们逐渐长大成人。康熙三十七年(1698年)三月,康熙帝分别册封成年诸皇子为郡王、贝勒,其中:封皇长子胤禔为多罗直郡王,皇三子胤祉为多罗诚郡王,皇四子胤禛、皇五子胤祺、皇七子胤祐、皇八子胤禩,俱为多罗贝勒。受封诸子参与国家政务,并分拨佐领,各有属下之人。分封皇子,相对削弱了皇太子的力量,对皇太子是又一次考验。同时,诸年长皇子有权有势以后,加剧了与皇太子的矛盾,诸皇子及其党羽的共同打击目标是皇太子及皇太子党。于是,在皇帝与储君、诸皇子与皇太子之间的矛盾错综复杂,日益加剧。

索额图党 康熙帝立胤礽为皇太子后,朝中就出现了拥护皇太子与反皇太子的两大政治势力。皇太子党首脑人物索额图,是康熙幼年首席辅政大臣索尼之子、孝诚仁皇后叔父、皇太子舅老爷、大学士、领侍卫内大臣,曾经是康熙帝最信任的大臣之一。康熙二十八年(1689年)他担任中俄议定边界谈判的中方首席代表,主张尼布楚、雅克萨两地当归清朝,签订《中俄尼布楚条约》。但是他后来陷入了康熙帝与皇太子矛盾的旋涡。康熙四十二年(1703)五月,康熙帝以索额图"议论国事,结党妄行"之罪,令宗人府将其拘禁,不久死于幽所。康熙帝又命逮捕索额图诸子,交其弟弟心裕、法保拘禁,并命:"若别生事端,心裕、法保当族诛!"大臣麻尔图、额库礼、温代、邵甘、佟宝等,也以党附索额图之罪,被禁锢,"诸臣同祖子孙在部院者,皆夺官。江潢以家有索额图私书,下刑部论死"(《清史稿》卷二六九《索额图传》)。就是说,只要与索额图稍有牵连者,都受到株连。

对索额图如此严惩的原因,直到五年以后废皇太子时,康熙帝才作了明确解释:"从前索额图助伊潜谋大事,朕悉知其情,将索额图处死。"(《清圣祖实录》卷二三四)到第二次废皇太子时,康熙帝更明确说皇太子问题根子在索额图:"骄纵之渐,实由于此。索额图诚本朝第一罪人也!"(《清圣祖实录》卷二五三)就是说索额图之罪在于结皇太子党,骄纵皇太子,图谋篡夺皇位。所以康熙帝严惩索额图,打击并削弱外戚势力,而给皇太子敲警钟。

矛盾激化 康熙四十七年(1708年)五月十一日,康熙帝巡幸塞外,命皇太子、皇长子、皇十三子、皇十四子、皇十五子、皇十六子、皇十七子、皇十八子随驾。在巡幸期间，发生了几件事，促使康熙帝与皇太子矛盾激化。

第一件事。反对皇太子的胤禔等皇子向康熙帝报告了许多皇太子的不良表现。比如，说他暴戾不仁，恣行捶挞诸王、贝勒、大臣，以至兵丁"鲜不遭其荼毒"（《清圣祖实录》卷二三四），还有截留蒙古贡品，放纵奶妈的丈夫、内务府总管凌普敲诈勒索属下等。种种不仁的表现，都令康熙帝非常不满。这些报告，有些是不实之辞，但是康熙帝深信不疑。最重要的是，他不仅为皇太子的暴行所气恼，而且不满皇太子的越位处事。他认为皇太子的行为是："欲分朕威柄，以恣其行事也。"（《清圣祖实录》卷二三三）

第二件事。康熙帝巡幸途中，刚满7岁的皇十八子胤祄患了急性病，康熙帝十分焦虑，皇太子却无动于衷。康熙帝一方面疼爱年幼的皇十八子，一

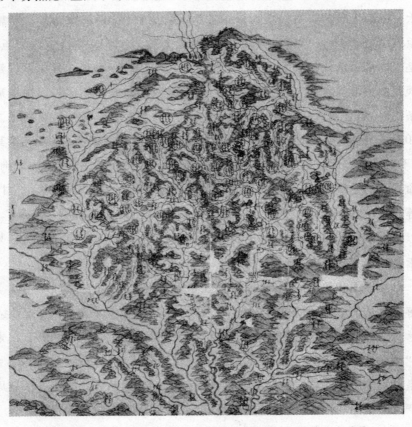

清宫内务府《木兰图》。该图主要反映清帝木兰秋狝的北上路线

方面又回想起十多年来一直耿耿于怀的一件事:康熙二十九年(1690 年)七月,乌兰布通之战前夕,康熙帝出塞,途中生病,令皇太子与皇三子驰驿前迎。胤礽到行宫给皇父请安,看到天颜消瘦,竟没有忧戚之意,也没有良言宽慰。康熙帝认为这位皇太子"绝无忠爱君父之念",让他先回北京(《清圣祖实录》卷一四七)。当时只有 16 岁的胤礽可能根本没有意识到皇父的不满,但是康熙帝认为这说明皇太子不孝,不堪重用。后来康熙帝在废皇太子时说已包容了 20 年,就是把这件事作为起点的,可见此事给康熙帝留下多么深的印象。当年君父生病,皇太子就不关心,现在幼弟生病,他还是这般冷漠。康熙帝气愤地责备皇太子:"伊系亲兄,毫无友爱之意。"但是皇太子不仅不接受批评,而且还"忿然发怒"(《清圣祖实录》卷二三四)。这件事使康熙帝觉得皇太子实在冷漠无情,缺乏仁义之心。

第三件事。在返京途中,康熙帝发现皇太子夜晚靠近他的帐篷,从缝隙向里面窥视,便立即怀疑皇太子可能要"弑逆"。这件事也刺激康熙帝下决心立即废掉皇太子。

初废太子 康熙四十七年(1708 年)九月初四日,康熙帝在巡视塞外返回途中,在布尔哈苏台,召集诸王、大臣、侍卫、文武官员等至行宫前,垂泪宣布皇太子胤礽的罪状:

第一,专擅威权,肆恶虐众,将诸王、贝勒、大臣、官员恣行捶挞;

第二,穷奢极欲,吃穿所用,远过皇帝,犹不以为足,恣取国帑,遣使邀截外藩入贡之人,将进御马匹,任意攘取;

第三,对亲兄弟,无情无义,有将诸皇子不遗噍类之势;

第四,鸠聚党羽,窥伺朕躬,起居动作,无不探听,伊每夜逼近布城,裂缝向内窃视;

第五,从前索额图助伊潜谋大事,朕悉知其情,将索额图处死。今胤礽欲为索额图复仇,结成党羽。朕未卜今日被鸩,明日遇害,昼夜戒慎不宁(《清圣祖实录》卷二三四)。

罗列罪状之后,康熙帝说:不能让这不孝不仁的人为君。

康熙帝"且谕且泣,至于仆地"。谕毕,命将胤礽即行拘执(《清圣祖实录》卷二三四)。

同日，康熙帝为了打击皇太子集团的势力，下令将索额图的两个儿子格尔芬、阿尔吉善及胤礽左右二格、苏尔特、哈什太、萨尔邦阿等人"立行正法"。

就在同一天，皇十八子胤祄死。这对康熙帝来说，真是祸不单行，感情上受到沉重的打击。康熙帝为了政治上的需要，不得不废斥皇太子。但废斥之后，又很难过，愤恨、失望、惋惜、怜爱，复杂的心情，交织在一起，一连六日"未尝安寝"，对诸臣谈起此事，"涕泣不已"（《清圣祖实录》卷二三四）。

九月十六日，康熙帝回到北京。命在皇帝养马的上驷院旁设毡帷，给胤礽居住。又命皇四子胤禛与皇长子胤禔共同看守。当天，康熙帝召集诸王、贝勒等副都统以上大臣、九卿、詹事、科道官员等于午门内，宣谕拘执皇太子胤礽之事。康熙帝亲撰告祭文，于十八日告祭天地、太庙、社稷。将废皇太子幽禁咸安宫，二十四日，颁诏天下。

皇太子从康熙十四年（1675年）初立，至康熙四十七年（1708年）初废，长达33年之久。这时康熙帝55岁，皇太子35岁。为了培养皇太子，康熙帝可谓费尽苦心。废皇太子一事使康熙帝悲愤叠加，格外痛心，心力交瘁。此时，康熙帝已经进入老年，而接班人却变得渺茫。他哀求皇子们说：在同一时间里发生皇十八子死和废皇太子两件事，心伤不已，你们仰体朕心不要再生事了。然而康熙帝的儿子太多，他在位时间又长，"夜长梦多"，皇子们早已形成了几个利益攸关的政治集团。他们之间的争斗，不是争夺房子、银子、珠宝和土地，而是皇位。巨大的诱惑，使这种争夺由表及里，由隐到显，由缓到急，由温到烈，势不能止。康熙帝废掉皇太子的举动不仅没有制止这种争夺，反而让一些皇子仿佛看到了希望，因而储位之争更为激烈。

三、太子二立与太子二废

胤礽被废，皇太子位空缺，诸皇子立即为争夺储位而积极活动。

皇长子胤禔　他的有利条件是：一则居长，二则原大学士明珠是其舅父，三则得到皇父的宠爱。为了争夺储位，他可谓煞费苦心：

第一，争取立长。他错误地估计形势，认为康熙帝立嫡不成，势必立长。

但康熙帝对他的野心已有所察觉。康熙四十七年（1708年）九月初四日，宣布拘执胤礽同时，即明确宣谕："朕前命直郡王允禔善护朕躬，并无欲立允禔为皇太子之意。允禔秉性躁急、愚顽，岂可立为皇太子？"（《清圣祖实录》卷二三四）

第二，请杀允礽。胤禔利令智昏，竟奏请杀掉胤礽，说："今欲诛允礽，不必出自皇父之手。"康熙帝听了，非常惊异，意识到胤禔与胤禩结党谋储位，竟欲杀害胤礽，若是得逞，后果严重。康熙帝一再批评胤禔，指出其杀弟之念：不谙君臣大义，不念父子至情，天理国法，皆所不容。

第三，推荐胤禩。胤禔见自己夺储无望，便想推荐与己关系密切的皇八弟胤禩（胤禩少时为长兄胤禔生母惠妃所抚养）。

第四，制造舆论。胤禔利用张明德相面事，为胤禩制造舆论，说："相面人张明德曾相允禩，后必大贵。"康熙帝派人追查张明德相面之事，查出不仅有相面之事，而且有谋杀皇太子的企图。

第五，镇魇（yǎn）胤礽。皇三子胤祉向康熙帝揭发：皇长子与一个会巫术的人有来往。经查，发现胤禔用巫术镇魇胤礽，阴谋暗害亲兄弟，并有物证。其母惠妃出身微贱，向康熙帝奏称胤禔不孝，请置正法。康熙帝不忍杀亲生儿子，令革其王爵，终身幽禁，并将其所属包衣佐领及人口，均分给皇十四子胤禵及皇八子胤禩之子弘旺。同时又警惕以明珠为首另一支外戚实力的增长。

皇八子胤禩　胤禩精明能干，在朝中有威望，党羽多，声势大。胤礽被废后，胤禩很有希望当皇太子。但康熙帝从相面等事发现他有野心，"党羽早相要结"，对张明德等谋刺皇太子事知情不举；又发现胤禩署内务府总管事时，到处拉拢，妄图虚名，将皇帝所赐恩泽、功劳归于自己。

康熙四十七年（1708年）九月，康熙帝痛斥胤禩道："允禩柔奸性成，妄蓄大志，党羽相结，谋害允礽。今其事败露，即锁系，交议政处审理。"胤禟告诉皇十四弟胤禵，胤禵进入，营救胤禩。康熙帝大怒，拔出佩刀，将诛胤禵。善良敦厚的皇五子胤祺上前，跪抱劝止，康熙帝愤怒少解。这件事情闹得宫廷乌烟瘴气（《清圣祖实录》卷二三四）。同年十一月，复允禩为贝勒。

康熙四十七年（1708年）十一月十四日，康熙帝召满汉文武大臣齐集畅

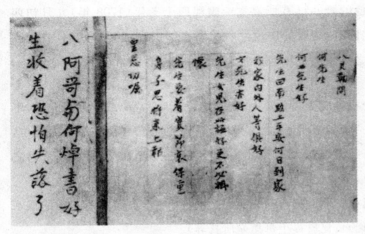

皇八子胤禩信函

春园,令从诸皇子(皇长子除外)中举奏一位堪任皇太子之人,说:"众议谁属,朕即从之。"康熙帝的意思是复立皇太子。令诸臣推举皇太子之前,康熙帝曾找李光地,询问废皇太子病"如何医治,方可痊好"？试图启发臣下,复立胤礽。很明显,胤礽的病由废皇太子而引起,所以"解铃还须系铃人",对症下药,只有复立。李答:"徐徐调治,天下之福。"李光地为少惹是非,未向任何人透露此事,以致推举时,诸臣将胤禩推举出来。这次推举过程是:"集议日,马齐先至,张玉书后入,问:'众意谁属?'马齐言众有欲举八阿哥者。俄,上命马齐勿预议,马齐避去。阿灵阿等书'八'字密示诸臣,诸大臣遂以允禩名上,上不怿。"(《清史稿》卷二八七《马齐传》)时马齐为大学士,阿灵阿为领侍卫内大臣兼理藩院尚书。康熙帝指出:皇八子未曾办理过政事;近又罹罪,其母出身微贱,故不宜立为皇太子(《清圣祖实录》卷二三五)。康熙帝传谕李光地,提醒说:"前召尔入内,曾有陈奏,今日何无一言?"这时诸臣才恍然大悟。

大家注意,这时的皇四子胤禛不露声色,暗自韬晦,观察窥测,等待时机。

康熙帝深恶皇子结党,内外勾结,上下串联,蓄谋大位。他说:"诸皇子有钻营为皇太子者,即国之贼,法所不容。"

再立太子 储位空缺,诸子纷争愈演愈烈,使康熙帝认识到有必要把这个缺位补上,以堵塞诸子争储之路。鉴于朝中保奏胤禩的势力大、呼声高,康熙帝考虑惟有用嫡长子抵制一途可行。后来他说:"诸大臣保奏八阿哥,朕甚无奈,将不可册立之允礽放出。"《清圣祖实录》卷二六一》所以,康熙四十八年(1709 年)三月初九日,以复立皇太子胤礽,遣官告祭天地、宗庙、社稷。次日,分别将皇三子胤祉、皇四子胤禛、皇五子胤祺晋封亲王,七子胤祐、十一子胤禩晋封郡王,九子胤禟、十二子胤祹、十四子胤禵,俱封为贝子,胤禩在此前已复为贝勒。康熙帝试图以此促进皇太子与诸皇子以及诸子之间的团结。

实际上,康熙帝重新认识到允礽的罪名原多不实。当初,他最怀疑胤礽企图谋杀他,皇太子申诉说:"皇父若说我别样的不是,事事都有,只弑逆的事,我实无此心。"康熙帝听了,不但未斥责皇太子,反而认为说得对,令将胤礽项上的锁链取下《文献丛编》第 3 辑,《胤禩胤禟》)。

皇四子胤禛行乐图

本来,自废皇太子后,康熙帝就痛惜不已,无日不流涕,寝食不宁。他回想拘禁胤礽那天,"天色忽昏",十八子胤祄病死;进京前一日,大风旋绕驾前;夜间梦见已故祖母太皇太后,远坐不言,颜色殊不乐,与平时不同;皇后亦以皇太子被冤见梦《清圣祖实录》卷二三五)。康熙四十七年(1708 年)十月十九日,去南苑行围,忆昔皇太子及诸阿哥随行之时,不禁伤怀。终于在十月二十三日病倒。当日回宫,立即召见胤礽,并将召见胤礽事谕告臣下,谓:"自此以后,不复再提往事。"《清圣祖实录》卷二三五)此后经常召见胤礽,每"召见一次,胸中疏快一次"。

康熙四十七年（1708 年）十一月十五日，康熙帝召科尔沁达尔汉亲王额驸班第、领侍卫内大臣、都统、护军统领、满大学士、尚书等入宫，亲自向他们宣布："皇太子前因魇魅，以至本性汩没耳。因召至于左右，加意调治，今已痊矣。"命人将御笔朱书，当众宣读。谕旨内容为：

> 前执允礽时，朕初未尝谋之于人。因理所应行，遂执而拘系之，举国皆以朕所行为是。今每念前事，不释于心，一一细加体察，有相符合者，有全无风影者。况所感心疾，已有渐愈之象，不但诸臣惜之，朕亦惜之。今得渐愈，朕之福也，亦诸臣之福也。朕尝令人护视，仍时加训诲，俾不离朕躬。今朕且不遽立允礽为皇太子，但令尔诸大臣知之而已。允礽断不抱复仇怨，朕可以力保之也。（《清圣祖实录》卷二三五）

这是一份平反昭雪文书，意向已极明白，将要复立胤礽为皇太子。康熙帝召废皇太子、诸皇子及诸王、大臣、都统、护军统领等，进一步澄清事实，说胤礽"虽曾有暴怒捶挞伤人事，并未致人于死，亦未干预国政"，"胤禔所播扬诸事，其中多属虚诬"。接着，当众将胤礽释放。胤礽表示："皇父谕旨，至圣至明。凡事俱我不善，人始从而陷之杀之。若念人之仇，不改诸恶，天亦不容。"（《清圣祖实录》卷二三五）

皇太子虽复立，但原有的君储矛盾并未解决，所以很快就又发生了严惩皇太子党的事件。这次抓的是步军统领托合齐。

严惩托合齐　托合齐出身卑微，原为安亲王家人，后转为内务府包衣，曾任广善库司库。以其为定嫔之兄、皇十二子允祹之舅，故受到康熙帝信任，于康熙四十一年（1702 年）六月出任步军统领。

康熙五十年（1711 年）十月二十日，以托合齐有病为由，将其解职；同时任命隆科多为步军统领。托合齐被解职七天后，即十月二十七日，康熙帝在畅春园大西门内箭厅召见诸王、贝勒、文武大臣等，宣称："诸大臣皆朕擢用之人，受恩五十年矣，其附皇太子者，意将何为也？"于是当场逐个质问刑部尚书齐世武、兵部尚书耿额等。众人矢口否认结党，康熙帝令锁拿候审（《清圣祖实录》卷二四八）。另外，命将已经解职的步军统领托合齐，拘禁宗人府。

至次年四月，议处户部尚书沈天生等串通户部员外郎伊尔赛等，包揽湖滩河朔事例额外多索银两一案。经刑讯取供：刑部尚书齐世武受贿3000两，步军统领托合齐受贿2400两，兵部尚书耿额受贿1000两。这在贪污大案中本是微不足道的数字，但因有皇太子党一事，处罚特重。这三个人与主犯沈天生、伊尔赛等一样，俱拟绞监候，秋后处决。命将尚书齐世武"以铁钉钉其五体于壁而死"。另据《满洲名臣传·齐世武列传》记载：齐被判绞之后，又改发遣伯都纳，雍正二年（1724年）卒。十月二十九日，议托合齐将其"即行凌迟处死"，不久于监所病故，命将其"剉尸扬灰，不准收葬"。就是将托和齐的尸体剉了、烧了、扬灰了。其罪主要是：胤礽潜通信息，求托合齐等人，借助手中之权势，"保奏"他尽早即帝位（《清圣祖实录》卷二五〇）。这就是说，是皇太子在策划逼皇父尽早让位，因此，康熙帝怒不可遏。

　　再废太子　皇帝与储君之间的矛盾，终于又发展到不可调和的地步，康熙帝决定再废皇太子。康熙五十一年（1712年）九月三十日，康熙帝巡视塞外回京当天，即向诸皇子宣布："皇太子允礽自复立以来，狂疾未除，大失人心，祖宗弘业断不可托付此人。朕已奏闻皇太后，著将允礽拘执看守。"十月初一，以御笔朱书向诸王、贝勒、大臣等宣谕重新废黜胤礽的理由，主要是：

　　第一，从释放之日，乖戾之心，即行显露；

　　第二，数年以来，狂易之疾，仍然未除；

　　第三，是非莫辨，大失人心；

　　第四，秉性凶残，与恶劣小人结党。

　　康熙帝要求诸臣："各当绝念，倾心向主，共享太平。后若有奏请皇太子已经改过从善、应当释放者，朕即诛之。"（《清圣祖实录》卷二五一）十一月十六日，将废皇太子事遣官告祭天地、太庙、社稷。

　　康熙帝第二次废黜皇太子，虽然并非如他自己所说"毫不介意，谈笑处之"，但确实不像第一次时那么痛苦。因为他发现，立皇太子就难免有矛盾；不立皇太子可能更好，因为这样可以减少皇储争夺的内斗。数月之后，针对有的官员奏请册立皇太子，康熙帝答复说：

　　宋仁宗三十年未立太子，我太祖皇帝并未预立皇太子，太宗皇帝亦

未预立皇太子。汉唐以来，太子幼冲，尚保无事；若太子年长，其左右群小结党营私，鲜有能无事者。……今众皇子学问、见识，不后于人，但年俱长成，已经分封，其所属人员未有不各庇护其主者，即使立之，能保将来无事乎？（《清圣祖实录》卷二五三）

抚远大将军胤禵西征图

皇十四子胤禵 皇十四子胤禵在几位阿哥接连受挫后，积极活动，谋取储位。他讨好大臣，礼贤下士。历史给他提供了一个或吉或凶的机遇。康熙五十七年（1718年），命胤禵为抚远大将军，征讨策旺阿拉布坦。行前，康熙帝亲往堂子行祭告礼；亲御太和殿授印；胤禵乘马出天安门，诸王、二品以上文武官员都到德胜门外军营送行。胤禵称"大将军王"，用正黄旗纛。胤禩对胤禵说："早成大功，得立为皇太子。"可见胤禵、胤禩等将这次出征立功，视为争取皇储的机会。但是，康熙帝病故时，胤禵恰巧不在宫廷，胞兄胤禛得以继位。所以胤禵挂大将军印出征，给他命运带来的不是吉兆，而是凶讯。

四、历史经验与沉痛教训

康熙帝晚年因其诸子皇位继承纠葛，心境悲苦，大伤元气，郁结成疾，病情日重。他曾经说：“日后朕躬考终，必至将朕置乾清宫内，尔等束甲相争耳！”这里有个典故，说的是春秋五霸之一齐桓公的故事。齐桓公晚年五个儿子树党争立，桓公刚死，诸子相攻，箭射在尸体上，其尸体在床上67日未入殓，以至蛆虫爬出窗外。康熙六十一年十一月十三日（1722年12月20日），康熙帝终于抱憾而死。

作为一代圣主的康熙帝为什么处理不好储位继承的问题？从他两立两废皇太子的事情上，可以得到哪些启示和经验教训？

第一，没有处理好皇帝与储君的矛盾。当时处于八和硕贝勒共治国政向中央集权过渡时期，预立储君，包括皇帝、满洲贵族和储君本人都一时无法适应这种新的情况。比如，实行储君制度，就应当坚持储君不御政。皇太子御政，必然引发皇太子与皇帝的权力冲突。皇太子御政，必然从中植成党羽，与皇权相争。康熙帝一方面改革前代的皇位继承制度，建立储君；另一方面又让太子领兵从政，派皇太子和其他皇子参与各种军政事务，其本意是锻炼和培养皇子，让他们为国家建功立业。皇太子权势的增长侵犯和威胁了皇权。无形中朝廷里似乎要出现两个中心，至高无上的皇权受到侵犯。康熙帝事与愿违，陷入旋涡，遭到失败。

第二，没有处理好太子与皇子的矛盾。明朝诸王“列爵而不临民、食禄而不治事”，清朝诸王“内襄政本、外领师干”，这样太子与皇子便发生矛盾。康熙帝本意是培养教育皇子，却使他们增长了对权力与财富的欲望。这不依康熙帝的意志为转移，也不是皇太子主观意志所决定的。诸皇子成人之后，赐封世爵，分拨人口，建立府第，设置官署，对内临政，对外领兵。各自所属人员又“各庇护其主”，甚而纠集党羽。这本身就容易与皇权产生某种矛盾。如果设立皇太子，其地位高于诸王，近于皇帝，又必然为诸皇子所不容，使矛盾更趋复杂。康熙帝两立两废皇太子，既是皇帝与储君矛盾，也是太子与皇子矛盾尖锐化的集中表现。

第三，过早立储使得太子日益贪婪骄奢。胤礽一岁立为皇太子，从此身居一人之下、万人之上，事事、时时、处处与众不同。身边充满了优越、荣耀、奉迎、吹捧，天长日久，目空一切，妄自尊大，骄奢暴戾。康熙帝在位时间又过长。皇太子与幼帝有所不同：皇太子有荣誉地位，而无重担在身；有权力

欲望，而无责任感，最容易骄奢不仁。后来雍正帝秘密建储，既是为了防止储君骄奢，也是为了避免皇子彼此厮杀。

第四，皇位继承制度死结。清朝的皇位继承，无论是汉族嫡长继承制，还是满洲贵族公推制，都没有找到解决的办法，也就是没有跳出"父死子继""兄终弟及"家天下的窠臼。只有推翻帝制，实行共和，历史才会进入一个新的阶段。

清代立储制，为康熙帝所创，虽思之久远，却事与愿违。这不是康熙帝无能，而是皇位继承制结下的苦果。后来雍正帝的"秘密建储制"、慈禧太后的"懿旨立储制"，都不能解开皇位继承制度的死结。6岁的同治、4岁的光绪、3岁的宣统继承皇位，说明大清皇朝已经走进"家天下"的死胡同。以民主共和制取代封建君主制，才是历史之趋势、世界之潮流、时代之必然、民众之所望。

相关推荐书目

(1)［法］白晋：《康熙皇帝》，黑龙江人民出版社，1981年

(2)孟昭信：《康熙皇帝大传》，吉林文史出版社，1987年

(3)杨　珍：《康熙皇帝一家》，学苑出版社，1994年

(4)白新良主编：《康熙皇帝全传》，学苑出版社，1994年

(5)陈捷先：《康熙写真》，远流出版事业股份有限公司，2000年

(6)阎崇年：《清朝皇帝列传》，紫禁城出版社，2007年

【附录 1】康熙帝的 35 子

顺序	名字	生年	生母	卒年	寿年
1	承瑞	1667	荣妃马佳氏	1670	4
2	承祜	1669	皇后赫舍里氏	1672	4
3	承庆	1670	惠妃纳喇氏	1671	2
4	赛音察浑	1671	荣妃马佳氏	1674	4
5	皇长子胤禔	1672	慧妃纳喇氏	1734	63
6	长华	1674	荣妃马佳氏	1674	1
7	皇次子胤礽	1674	皇后赫舍里氏	1724	51
8	长生	1675	荣妃马佳氏	1677	3
9	万黼	1675	通嫔纳喇氏	1679	5
10	皇三子胤祉	1677	荣妃马佳氏	1732	56
11	皇四子胤禛	1678	皇后乌雅氏(时为德嫔)	1735	58
12	胤禶(zàn)	1679	通嫔纳喇氏	1680	2
13	皇五子胤祺	1679	宜嫔郭啰罗氏	1732	54
14	皇六子胤祚(zuò)	1680	皇后乌雅氏(时为德嫔)	1685	6
15	皇七子胤祐	1680	成妃戴佳氏	1730	51
16	皇八子胤禩	1681	良妃卫氏	1726	46
17	皇九子胤禟	1683	宜妃郭啰罗氏	1726	44
18	皇十子胤䄉	1683	僖贵妃钮祜禄氏	1741	59
19	胤禑(yǔ)	1683	贵人郭啰罗氏	1684	2
20	皇十一子胤禌(zī)	1685	宜妃郭啰罗氏	1696	12
21	皇十二子胤祹	1685	定妃万琉哈氏	1763	79
22	皇十三子胤祥	1686	敬敏皇贵妃张雅氏	1730	45
23	皇十四子胤禵	1688	孝恭仁皇后乌雅氏	1755	68
24	胤禨	1691	平妃赫舍里氏	1691	1
25	皇十五子胤禑	1693	顺懿密妃王氏	1731	39
26	皇十六子胤禄(出继)	1695	顺懿密妃王氏	1767	73
27	皇十七子胤礼	1697	纯裕勤妃陈氏	1738	42
28	皇十八子胤祄(xiè)	1701	顺懿密妃王氏	1708	8
29	皇十九子胤禝(jì)	1702	襄嫔高氏	1704	3
30	皇二十子胤祎(yī)	1706	襄嫔高氏	1755	50
31	皇二十一子胤禧	1711	熙嫔陈氏	1758	48

顺序	名字	生年	生母	卒年	寿年
32	皇二十二子胤祜(hù)	1711	谨嫔色赫图氏	1743	33
33	皇二十三子胤祁	1713	静嫔石氏	1785	73
34	皇二十四子胤祕(mì)	1716	穆嫔陈氏	1773	58
35	胤禐(yuán)	1718	贵人陈氏	1718	1

【附录2】康熙帝35子中排序的24子

顺序	名字	生年	生母	卒年	寿年
皇长子	胤禔(zhī)	1672	慧妃纳喇氏	1734	63
皇次子	胤礽(réng)	1674	皇后赫舍里氏	1724	51
皇三子	胤祉(zhī)	1677	荣妃马佳氏	1732	56
皇四子	胤禛(zhēn)	1678	皇后乌雅氏(时为德嫔)	1735	58
皇五子	胤祺(qí)	1679	宜妃郭啰罗氏	1732	54
皇六子	胤祚(zuò)	1680	皇后乌雅氏(时为德嫔)	1685	6
皇七子	胤祐(yòu)	1680	成妃戴佳氏	1730	51
皇八子	胤禩(sì)	1681	良妃卫氏	1726	46
皇九子	胤禟(táng)	1683	宜妃郭啰罗氏	1726	44
皇十子	胤䄉(é)	1683	僖贵妃钮祜禄氏	1741	59
皇十一子	胤禌(zī)	1685	宜妃郭啰罗氏	1696	12
皇十二子	胤祹(táo)	1685	定妃万琉哈氏	1763	79
皇十三子	胤祥	1686	敬敏皇贵妃张雅氏	1730	45
皇十四子	胤禵(tí)	1688	孝恭仁皇后乌雅氏	1755	68
皇十五子	胤禑(wú)	1693	顺懿密妃王氏	1731	39
皇十六子	胤禄(出继)	1695	顺懿密妃王氏	1767	73
皇十七子	胤礼	1697	纯裕勤妃陈氏	1738	42
皇十八子	胤祄(xiè)	1701	顺懿密妃王氏	1708	8
皇十九子	胤禝(jì)	1702	襄嫔高氏	1704	3
皇二十子	胤祎(yī)	1706	襄嫔高氏	1755	50
皇二十一子	胤禧	1711	熙嫔陈氏	1758	48
皇二十二子	胤祜(hù)	1711	谨嫔色赫图氏	1743	33
皇二十三子	胤祁	1713	静嫔石氏	1785	73
皇二十四子	胤祕(mì)	1716	穆嫔陈氏	1773	58

雍正帝朝服像

第六讲

雍正夺位之谜

雍正帝爱新觉罗·胤禛,康熙十七年十月三十日(1678 年 12 月 13 日)生,属马,45 岁登极,在位 13 年,雍正十三年八月二十三日(1735 年 10 月 8 日)死,庙号世宗,谥号宪皇帝,葬泰陵(今河北省易县清西陵),享年 58 岁。

雍正帝上承康熙,下启乾隆,具有承上启下的历史地位。雍正皇帝盛年登极,年富力强,学识广博,阅历丰富,刚毅果决,颇有作为。所谓"康乾盛世",完整的说法应当是"康雍乾盛世"。可以说,对于雍正朝的历史贡献,史家没有大的争议;而对于雍正帝取得皇位的"合法性",则自他登极以来直到今天都有不同的认识,具体言之,主要有"夺嫡说"、"篡位说"、"继位说"、"夺位说"等几种看法。

上文我讲过,康熙皇帝晚年最为头疼的就是皇位继承问题,他的众多皇子为此结党,彼此争夺,势同水火。为什么在当时不那么引人注目的雍亲王胤禛成为最后的赢家?在长达 45 年的皇子生涯中,胤禛是怎样一步一步地攀援,最后登上皇帝的宝座?要回答这些问题,先要从了解雍正帝这个人开始。

一、雍正其人

康熙皇帝是一位长寿多子的皇帝。他一共有 55 个子女,其中 35 个儿子、20个女儿。在35个儿子中,成年且受册封者20人;在20个女儿中,长大成人并下嫁者8人。雍正皇帝胤禛是康熙皇帝的第四子。

胤禛的母亲乌雅氏,是满洲正黄旗、护军参领威武的女儿。乌雅氏生了3个儿子,就是皇四子胤禛、皇六子胤祚(6岁殇)和皇十四子胤禵(原名胤禛);另外还生了3个女儿。胤禛从小受孝懿仁皇后(康熙生母孝章皇后的侄女)养育,年幼的胤禛因她而尊贵。

胤禛过了整整45年的皇子生活,下面就从不同的角度对他这些年的生活加以介绍:

第一,好学上进。胤禛像他的兄弟一样,受到全面而系统、严格而良好的教育。他的长兄胤禔,生于康熙十一年(1672年),比他年长6岁;二兄胤礽,生于康熙十三年(1674年),比他年长4岁,2岁便被立为皇太子;三兄胤祉,生于康熙十六年(1677

雍正帝生母孝恭仁皇后像

年),比他年长1岁。胤禛从7岁开始,同他的3位兄长到上书房(又作尚书房)读书。他有时在宫城的上书房读书,有时在畅春园的无逸斋读书。他的师傅主要有大学士张英、徐元梦和侍讲顾八代等人。他们都是当朝一流的学者。他学的功课,一种是儒家经典,主要为"四书"——《大学》、《中庸》、《论语》、《孟子》,"五经"——《诗》、《书》、《礼》、《易》、《春秋》;一种是满洲的"国语骑射",就是满洲语文与骑马射箭;另一种是蒙古语文;还有作诗、书法等。胤禛的书法,造诣很高,笔力苍劲,有一些作品流传至今,可作明证。

读书是学习,实践也是学习。他经常随从皇父,或举行祭祀,或军事出征,或塞外行围,或巡视地方,或代理政务,或关心旗务。康熙二十五年(1686年),9岁的胤禛同大阿哥胤禔、二阿哥皇太子胤礽、三阿哥胤祉,随皇父巡行塞外。康熙二十七年(1688年),11岁的胤禛同大阿哥、三阿哥随皇父到遵化昌瑞山孝陵旁,为清太宗孝庄文皇后梓宫"暂安奉殿"祭祀。二十九年(1690年),舅舅佟国纲在反击噶尔丹南犯的乌兰布通之役中阵亡,灵柩到京,受皇父之命,胤禛同大阿哥迎接灵柩。同年再随皇父同三位阿哥到遵化孝庄太皇太后"暂安奉殿"祭祀。三十二年(1693年),16岁的胤禛同皇太子等侍从皇父巡视畿甸水利。经南苑、永清、霸州、雄县,从雄县十里堡乘船到苑家口,途中登河堤、阅堤工,见旧堤多处坍塌。康熙帝说:如浑河泛溢,大城、文安等必受水灾;命估算所需费用,增固河堤,以防水患。同年十月,曲阜孔庙重修落成,胤禛受皇父之命,同三阿哥胤祉前往祭祀。

第二,结婚封王。胤禛皇子生活中有两件大事:结婚与受封。康熙三十年(1691年),14岁的胤禛奉父命同内大臣费扬古(隶满洲正黄旗)的女儿乌拉那拉氏成婚。康熙帝册封那拉氏为胤禛的嫡福晋。父以女贵,费扬古后官至步军统领,正一品,死后追封为一等承恩公。

康熙三十七年(1698年),21岁的胤禛受封为贝勒,大阿哥胤禔(27岁)、三阿哥胤祉(22岁)被封为郡王,他的五弟胤祺(20岁)、七弟胤祐(19岁)、八弟胤禩(18岁)也被封为贝勒。按清朝的规定,皇子封爵由高到低依次为亲王、郡王、贝勒、贝子等。次年,康熙帝为诸皇子建府邸。"禛贝勒府"(又称四贝勒府)建成后,胤禛从皇宫阿哥住所迁往府邸居住。康熙四十八年(1709年),32岁的胤禛被封为雍亲王,这里就成为雍亲王府。胤禛继承皇位后,原雍亲王府赐给皇十三弟胤(允)祥。后来乾隆帝将其改为雍和宫,就是今北京雍和宫。

第三,诚孝皇父。康熙四十七年(1708年),皇太子胤礽被废。这是一件震动朝野的政治大事,也是一件震惊庙社的宗室大事。胤禛时年31岁,此后15年间,历史对他进行烈火般的考验,也为他登上皇位提供了难得的机遇。

胤禛知道，博得皇父的信赖和喜欢，是自己一生事业中最为重要的事情。他抱定一项宗旨，就是诚孝皇父。胤禛自己曾说："四十余年以来，朕养志承欢，至诚至敬，屡蒙皇考恩谕。诸昆弟中，独谓朕诚孝。"如在诸皇子争夺皇位激烈之时，他既不明着参加竞争，且劝慰皇父宽心保重。康熙帝第一次废皇太子后，大病一场。胤禛入内，奏请选择太医及皇子中稍知药性者胤祉、胤祺、胤祹和自己检视方药，服侍皇父吃药治疗。康熙帝服药后，病体逐渐痊愈。康熙帝最早对皇太子胤礽产生不满，就是因为在生病时，年少的胤礽不懂得对皇父示孝。胤禛则学习皇父康熙帝对孝庄太皇太后之孝，对皇父始终是"诚"与"孝"，最终得到了回应。

第四，友爱兄弟。胤禛知道，处理好兄弟之间的关系，是仅次于诚孝皇父的重要事情。胤禛的 34 个兄弟中，其时最主要的是年满 20 岁以上的 11 位兄弟。他在处理兄弟之间关系时，主要原则是"不结党"、"不结怨"。在康熙帝第一次、第二次废太子之后，有一定强势的皇子都结成不同的朋党。诸兄弟之间，结党必结怨。胤禛没有参加皇太子党，也没有参加皇长子党，更没有参加皇八子党。他超然于兄弟们的朋党之外。或者说，他在兄弟角逐皇储时，采取一种不附不和、不排不斥的中庸态度。这种态度，使他躲避开来自皇父与兄弟两方面的矢镞，而安然无恙。最后在众兄弟被或废黜、或囚禁、或疏离、或厌倦的情况下，胤禛登上宝座，成为大清第五任皇帝。

除了不结党、不结怨之外，胤禛还

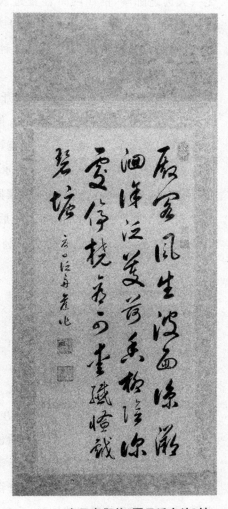

雍正帝御笔《夏日泛舟诗》轴

友爱兄弟。他在随驾出京途中,作《早起寄都中诸弟》诗说:"一雁孤鸣惊旅梦,千峰攒(zǎn)立动诗思。凤城诸弟应相忆,好对黄花泛酒厄(zhī)。"表明他愿做群雁而不做孤雁的心意。再如皇太子第一次被废,胤禛非但没有落井下石,而且给以关照。胤礽初被幽禁在上驷院旁所设的毡帷里,皇长子胤禔和皇四子胤禛看守。胤礽说皇父所斥"弑逆"一事,实为乌有,请代奏明。胤禔不答应。胤禛说:"你不奏,我就奏。"胤禔只好代奏。康熙帝听了后说奏得对,命将胤礽身上的锁链去掉。后来,康熙帝曾说:"前拘禁胤礽时,并无一人为之陈奏,惟四阿哥性量过人,深知大义,屡在朕前为胤礽保奏。"胤禛的几位弟弟胤祹、胤祧、胤禵等封为贝子时,他启奏说,愿意降低自己的爵位,以提高弟弟们的世爵。胤禛这种乖巧的做法,既博得皇父的欢欣,也讨得诸弟的好感。

第五,勤慎敬业。胤禛尽量避开皇储争夺的矛盾,极力表现自己不仅诚孝皇父、友爱兄弟,而且勤勉敬业。他结婚之后,多次受皇父之命,参与重大政治与祭祀活动。胤禛的足迹所至,遍及东西南北中——东向,至少5次到东陵祭祀,还到关外祭祀三陵——永陵、福陵和昭陵;西向,随皇父西巡五台山;南向,随皇父两次南巡;北向,康熙三十一年(1692年)随皇父巡视塞外,以后到康熙六十一年(1722年),先后10余次到塞外;京畿,5次随皇父巡视京畿,治理永定河,察看水利,并写诗纪事:

> 帝念切生民,銮舆冒暑行;
> 绕堤翻麦浪,隔柳度莺声;
> 万姓资疏浚,群工受准程;
> 圣心期永定,河伯助功成。

此外,他还察勘仓储粮谷。特别是在康熙三十五年(1696年),他跟随皇父远征噶尔丹,领正红旗大营,军旅生活使他受到了锻炼。康熙六十年(1721年)三月,胤禛受命同三阿哥胤祉率大学士王顼龄等磨勘(复核)会试中式的原卷。总之,自结婚后30年的实际磨炼,使他对社会、对人生,对政治、对朝政有了深刻的认识与深切的体验,为其后来登上皇位准备了条件。

第六,戒急用忍。胤禛的性格,有两个特点:一是喜怒不定,二是遇事急躁。关于他"喜怒不定"这一点,康熙皇帝曾经在给胤禛的谕旨中指出过。后来胤禛央求皇父说:今臣年逾三十,请将谕旨内"喜怒不定"四字,恩免记载。康熙帝因为"十余年来实未见四阿哥有'喜怒不定'之处",因谕:"此语不必记载!"胤禛还有性格急躁的毛病。他曾对大臣说:"皇考每训朕,诸事当戒急用忍。屡降旨,朕敬书于居室之所,观瞻自警。"胤禛继位后,命做"戒急用忍"吊牌,为座右铭,用以警示。

　　第七,韬光养晦。他的心腹戴铎,在康熙五十二年(1713 年)为他出谋划策道:

　　　　上有天纵之资,诚为不世出之主;诸王当未定之日,各有不并立之心。论者谓:处庸众之父子易,处英明之父子难;处孤寡之手足易,处众多之手足难。何也? 处英明之父子也,不露其长,恐其见弃,过露其长,恐其见疑,此其所以为难。处众多之手足也,此有好(hào)乎,彼有好瑟,此有所争,彼有所胜,此其所以为难。而不知孝以事之,诚以格之,和以结之,忍以容之,而父子兄弟之间,不相得者。我主子天性仁孝,皇上前毫无所疵,其诸王阿哥之中,俱当以大度包容,使有才者不为忌,无才者以为靠。(《文献丛编》第三辑《戴铎奏折》)

　　戴铎首先分析了当时形势:皇上强势,诸王并争。接着提出应对谋略——诚孝事上,适露所长,掩盖所短,避免引起皇父疑忌;友爱兄弟,大度包容,和睦忍让,让有才者不嫉妒,无才者相依靠。雍正帝基本上按照上述策略,既不结党,也不钻营,而是暗自韬晦,八面玲珑,等待时机。而诸兄弟中,实力雄厚的皇太子胤礽、皇长子胤禔、皇八子胤禩、皇十四子胤禵一个接一个地崭露头角,结果一个又一个地不幸落马,而胤禛却一步一步地绕过争夺皇位航程中的险滩暗礁,终于登上皇帝的宝座。

　　第八,善抓时机。康熙帝临终时,胤禛紧紧地抓住历史机遇,坚决、果敢地登上皇帝宝座,成为最后的赢家。但是,他的继位也留下了许多历史疑问,280 多年来成为历史学者和民间传说说不尽的话题。

二、继位疑问

康熙六十一年(1722年)十月二十一日康熙帝往南苑围猎,十一月初七日生病,前往畅春园居住、养病。初九日发出圣旨,说患了感冒,不要紧,但需要静养斋戒,所以初十日到十五日期间,不受理奏章。冬至的祭天大礼,由皇四子胤禛代行。

十三日清晨,康熙帝病重,急忙召见皇三子胤祉、皇七子胤祐、皇八子胤禩、皇九子胤禟、皇十子胤䄉、皇十二子胤祹、皇十三子胤祥共七个皇子和步军统领隆科多,宣布:"皇四子人品贵重,深肖朕躬,必能克成大统,著继朕即皇帝位。"接着,康熙帝命从天坛斋所召回皇四子胤禛,改派镇国公吴尔占祭天。这时,康熙帝其他的几位皇子,长子胤禔被监守,次子即废太子胤礽被禁锢,五子胤祺因为冬至将临而被派往孝陵行祭礼,十四子胤禵正在西部领兵作战,而几位年幼的皇子十五子胤禑、十七胤礼、二十子胤祎当时跪在康熙帝寝宫外,还没有聆听皇父谕旨。

十一月十三日当天,雍亲王胤禛从天坛赶到畅春园,短短一天里,他被

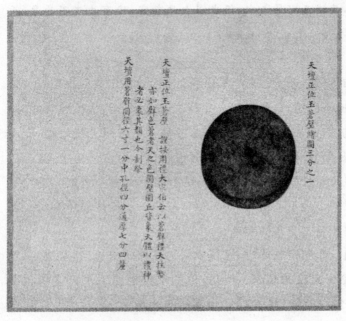

《皇朝礼器图》之
"天坛祭器·苍璧"

康熙帝召见了三次。但是他的皇父并没有当面对他说让他继承皇位之事。

当晚戌时（19～21时），康熙帝驾崩。步军统领隆科多向胤禛传达康熙帝的遗旨。也就是从这一刻起，胤禛虽然没有继承大位，但是担负起新君的责任。

十三日夜间，胤禛指挥将康熙帝遗体运回紫禁城乾清宫。"相传隆科多护皇四子回朝哭迎，身守阙下。诸王非传令皆不得进。次日至庚子（十九日），九门皆未启"（萧奭《永宪录》卷一）。就是说雍亲王胤禛和隆科多护送康熙帝遗体回到乾清宫，并下令他的兄弟非有令不得进入皇宫。等他宣布继承皇位七天后，才许皇兄弟到大行皇帝灵前哭奠。

十四日，宣布大行皇帝龙驭上宾；传大行皇帝留下遗诏，命雍亲王嗣位；命胤禩、胤祥、大学士马齐和尚书隆科多为总理事务大臣；召十四阿哥胤禵回京参加皇父葬礼；京城九门关闭，禁止出入。

十六日，颁布大行皇帝遗诏。

十九日，胤禛遣官告祭天坛、太庙、社稷坛，京城九门开禁。

二十日，雍正帝在太和殿举行登极大典，改年号为"雍正"。即位诏书中说："皇考升遐之日，诏朕缵承大统。"

自第二次废储之后，从史料中可以看出：康熙帝对皇三子允祉、皇四子胤禛以及皇十四子允禵格外地关顾，也使日后史家们认为这三位皇子应是康熙皇帝最后皇储属意的人选。但是以地位、名望来说，允祉因年长应高过诸弟，而允禵又是超过他的两位长兄受到特殊荣宠。雍亲正胤禛可以说在朝内外的威望和受康熙帝的重用方面都不如他的上述两位兄弟。最后他却入承大统，因而受到很多人的怀疑，生出许多种说法：

第一，"毒死康熙"说。雍正帝即位不久，在京中就传出雍正篡位的传闻。有人说：

> 圣祖皇帝在畅春园病重，皇上就进一碗人参汤，不知如何，圣祖皇帝就崩了驾。（《大义觉迷录》）

不错，康熙帝晚年，身体不佳，"诸病时发"、"头晕目眩"、"手抖头摇"、腿

雍正帝的泰陵

脚肿胀,有时走路都需要人扶掖。在当时能活到近 70 岁,已经算是高龄了。但是,康熙帝懂中医中药,还会开药方,又一向反对用人参进补。康熙帝说过:"北人于参不合。"他是不会喝人参汤的。胤禛作为康熙帝的孝子,是应当知道皇父的喜好的,他为了尽孝心,不会违背皇父的好恶,而自讨没趣。所以,说胤禛用人参汤毒死康熙帝是不可信的。如果确有其事,雍正帝也不会在为自己辩诬的《大义觉迷录》中予以公开。

第二,"不入东陵"说。有人说雍正帝死后不葬在清东陵,而葬在清西陵,说明他得位不正,不愿意、也没有脸面在地下见他的祖父顺治、父亲康熙。这一点,可以看作一种民间的说法,但不能作为雍正帝得位不正的历史根据。

第三,"传位于四子"说。雍正帝刚刚即位,就传出"雍正党人"将康熙遗诏"传位十四子",篡改作"传位于四子"的说法:

> 圣祖皇帝原传十四阿哥允禵天下,皇上将"十"字改为"于"字。……先帝欲将大统传与允禵,圣祖不豫时,降旨召允禵来京,其旨为隆科多所隐,先帝殡天之日,允禵不到,隆科多传旨遂立当今。

上面是《大义觉迷录》中的记载,文中"圣祖"是康熙帝的庙号,"皇上"是指雍正帝。"允禵"是雍正帝的同母弟,隆科多则是当时北京的步军统领。

此属传闻,不为史实。因为如果康熙帝真有"传位于四子"的遗嘱,按照当时行文习惯,应当写作——"传位於皇四子"。因此,其一,"十"字很难改成"於"字;其二,有人从文献中找出"于"与"於"通用的例证,但正式官方文献要用规范的汉字;其三,"传于四子"不合当时规范,因为官方文件都要尊称皇帝的儿子为皇某子,胤禛称为皇四子、允禵称为皇十四子等;其四,况且当时如此重要的遗嘱,应同时以满、汉两种文字书写,汉字可以修改,满文又岂能改"十"为"于"? 所以此说不确,是属无稽之谈。

皇十四子胤禵的确是康熙帝晚年被列入接班人候选名单,但是,目前还没有发现康熙帝确定要传位于皇十四子胤禵的文献或档案的证据。康熙帝病重时,他紧急召回的是胤禛,而没有召回皇十四子胤禵和在东陵的皇五子胤祺。这从一个侧面说明康熙帝没有要传位给胤禵的旨意。如果康熙帝真有意要他继位,为什么让他远离京城、远离皇帝身边呢? 尤其是康熙帝当时已年老多病,而且时常怕被人杀害。诚如雍正帝所说:"岂有将欲传大位之人,令其在边远数千里外之理?"

第四,"兄弟不服"说。《大义觉迷录》与《清圣祖实录》都是御用官员们编写的,传位问题的可信度很有悬疑。而当时人所写的《皇清通志纲要》与《永宪录》二书中,都没有七位皇子聆听康熙帝遗旨的记载,这说明当时根本就没有发生这件事。另外,雍正帝说皇八弟允禩在康熙帝死后,在畅春园中"并不哀戚,乃于院外倚柱,独立凝思,办派事务,全然不理,亦不回答,其怨愤可知"。而皇九弟允禟在雍正丧父悲痛之时,他"突至朕前,箕踞对坐,傲慢无礼,其意大不可测,若非朕镇定隐忍,必至激成事端"。学者们认为这两位兄弟的表情与行为,正是说明他们在毫无心理准备下,突然听到隆科多的"口授末命",而才有如此愤恨心态与冒失行动的。

第五,"编造遗诏"说。雍亲王皇四子胤禛继位的主要依据是《康熙遗诏》。这份《康熙遗诏》有的学者认为是真的,因为《清圣祖实录》和档案都可以证明它的存在;有的学者认为是伪的,因为"实录"和"档案"都是雍正帝掌权后命大臣们根据自己意旨编写的。这份诏书是真、是伪? 我认为是半真半伪,为什么?《康熙遗诏》的文字,可以分为前后两个部分,其前一部分是将康熙五十六年(1717 年)十一月二十一日的谕旨加以修改,移植到传位诏书里。当时,康熙遗诏的《上谕》凡 2211 字,最后康熙帝说:"此谕已备十年,若有遗诏,无非此言。披肝露胆,馨尽五内,朕言不再。"(《清圣祖实录》卷二七五)说真,是《遗诏》大段文字是康熙五十六年(1717 年)宣布的;说伪,是《康熙遗

诏》中最关键的一句话："皇四子胤禛，人品贵重，深肖朕躬，必能克承大统，著继朕登基，即皇帝位。"无法证明这是真的。一些学者认为：雍正帝命人对康熙帝遗命加以文字修改，将上述文字加到《康熙遗诏》中。

　　第六，"玉牒易名"说。雍正帝名字叫胤禛（zhēn），他的皇十四弟叫胤禵（zhěn）。"禵"字有两种读音：一读 zhēn，一读 zhěn。胤禛做了皇帝之后，他的名字要避讳，字音要避讳，字形也要避讳。所以，雍正帝命他的兄弟将名字中的"胤"字，改为"允"字，以示避讳；同时，命皇十四弟胤禵改名允禵。后将记载皇室谱系《玉牒》中胤禵的名字做了挖改。因此有人说：康熙帝遗嘱是传位皇十四子"胤禵"，因"胤禵"与皇四子"胤禛"字形、字音相近，胤禛遂取而代之。这就是"玉牒易名"说。"禵"与"禛"在窜改上很容易，这就是"玉牒易名"说的由来。根据史料记载，皇十四子确实原名"胤禵"，现在见到的册封皇十四子为抚远大将军的敕书，以及封皇十四子为贝子的原始文件，都写着"胤禵"；康熙《谕宗人府》的档案中，写着皇四子的名字为"胤禛"，所以他们兄弟确实是以"禛"与"禵"命名的。康熙帝后来排序皇子的名字，都带"示"部。雍正做了皇帝以后，将皇十四弟的"禵"改成"禵"，为了显示唯我独尊，不能证明雍正帝因篡位而令其改名。

　　第七，"临终口谕"说。康熙六十一年十一月十三日（1722 年 12 月 20 日），康熙帝病重。《清圣祖仁皇帝实录》记载：

　　　　寅刻，召皇三子诚亲王允祉、皇七子淳郡王允祐、皇八子贝勒允禩、皇九子贝子允禟、皇十子敦郡王允䄉、皇十二子贝子允祹、皇十三子允祥、理藩院尚书隆科多至御榻前，谕曰："皇四子胤禛，人品贵重，深肖朕躬，必能克承大统。著继朕登基，即皇帝位。"皇四子胤禛闻召驰至。巳刻，趋进寝宫。上告以病势日臻之故。是日，皇四子胤禛三次进见问安。戌刻，上崩于寝宫。（《清圣祖仁皇帝实录》卷三〇〇）

上述记载，有人认为是事后伪造的：

　　既然将继位大事告诉七位兄弟和隆科多，为什么不告诉当事人胤禛？况且，当时人写的《皇清通志纲要》中，没有记述七位皇子在病榻前听到康熙帝遗命的事,反而在记载康熙死亡事前,写些"时领侍内大臣六人"某某某,"大学士五人"某某某,其中都没有隆科多的名字!可见这段记载是伪造的,所以认为雍正帝是篡位。

第八,"口授末命"说。很多人怀疑隆科多"口授末命"之事。胤禛在康熙帝病危当天,曾三次到畅春园清溪书屋病榻前,康熙帝说:"朕病势日臻",可见还没有糊涂。但为什么康熙帝没有把指定他为继承人的事直接当面告诉他?"口授末命"的人为什么是隆科多一位大臣?其他大臣为什么没有在场?而隆科多后来又说出"白帝城受命之日,即死期将至之时"的话?有学者认为:这足可以证明他确是"口授末命"的人。还有学者指出:"隆科多当时不是大学士、也不是领侍卫内大臣,官阶只是九门提督、护军统领,以他的地位而言,他不够资格成为皇帝临终时的唯一受命者。"康熙皇帝怎么会在病重时不召集大臣王公们一起来听他的"口授末命"呢?竟然只把传位事悄悄地告诉隆科多一人呢?而且《皇清通志纲要》和《永宪录》都不见记载。

第九,"死无对证"说。有七位皇子在畅春园皇帝病榻前听到传位口诏以及隆科多"口授末命"的事,是雍正帝登极以后第七年才由雍正帝下令写在《大义觉迷录》里。当时跟雍正帝争斗的重要敌对人物几乎都已死亡,此时,雍正帝编造出康熙帝口授《传位遗诏》的事,已是死无对证了。为什么雍正帝不在即位时就公告天下呢?

第十,"杀人灭口"说。雍正帝的同父同母兄弟允禵回京奔丧,对雍正帝的态度相当不寻常,而雍正帝最后将他监禁,是不是"先帝欲将大统传与允禵"的旁证?雍正帝其他敌对兄弟几乎没有一个得到善终的,这算不算是早年继位之争的"秋后算账"?这些问题在以前都认为是雍正夺嫡或篡位的证据。尤其是对雍正继位在内外有拥立大功的隆科多与年羹尧的命运,颇为耐人寻味。

隆科多,满洲镶黄旗人,是皇亲国戚中的特殊人物。他是康熙帝舅父佟国维的儿子,是康熙皇后佟佳氏的弟弟。康熙帝晚年任理藩院尚书、步军统领。康熙帝死时,惟有隆科多一人传遗诏由雍亲王继位。康熙帝报丧,隆科多提督九门、卫戍京师。雍正帝继位,隆科多说:"白帝城受命之日,即死期将至之时。"隆科多虽受赐袭一等公、吏部尚书、加太保等,仍被定41款大罪,

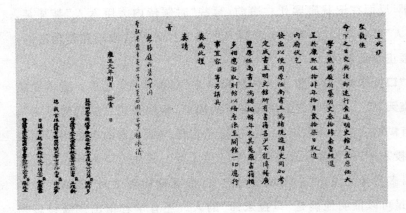

隆科多奏折

命在畅春园外建屋三间,永远禁锢。雍正六年(1728年)六月,隆科多死于禁所。隆科多最初是皇长子允禔的支持者,后又投靠皇八子允禩,他同雍亲王的关系并不密切。康熙帝死亡前夕,他权衡轻重,决定协助皇四子胤禛得位,可以获得最多好处,结果也没有得到好下场。

年羹尧,汉军镶白旗(《清史稿》作镶黄旗)人,父遐龄官至湖广总督,遐龄女事胤禛潜邸,后为雍正帝皇贵妃。康熙三十九年(1700年)进士,入翰林院。侍读学士,任四川巡抚、定西将军,在青藏有军功。雍正帝继位,委以重任,召抚远大将军胤禵还京师,命羹尧管理大将军印务。雍正三年(1725年)二月,以年羹尧《贺疏》中有"夕惕朝乾"(应作"朝乾夕惕")等因,命罢其将军,尽削其官职。同年,定年羹尧92款大罪,令其狱中自裁,斩其子年富,余子年15岁以上皆戍极边。

隆科多以元舅之亲,受顾命之重;年羹尧以贵妃之兄,获多战之功。他们二人的命运或者与他们"知进不知退,知显不知隐"的恃宠而骄有关,但是不是雍正皇帝的"杀人灭口"呢?是不是"狡兔死,走狗烹;飞鸟尽,良弓藏"这条铁则的再次重复呢?

总之,雍正帝继位是一桩疑案,这个历史的谜团至今也没有完全解开。现代的学者对此主要有四种意见,下面一一加以分析:

第一,"雍正夺嫡"说。清朝的皇位继承,没有实行嫡长制。在清太祖、太宗时,皇位继承人采用满洲贵族会议公推制。清世祖福临首用遗命制,即在临终前指定皇三子玄烨为皇位继承人,就是康熙皇帝。康熙帝的皇位继承，先是指定嫡长子胤礽为皇太子，继而废，废而立，又再废，所以康熙帝生前没有立嫡。既然清朝没有实行"嫡长制"、康熙帝生前也没有公开立嫡，那么，雍正帝何嫡之可夺？所以不能说雍正帝继位是"夺嫡"。

第二，"雍正篡位"说。雍正帝既不是"夺嫡"，那么是不是篡位呢？到现在为止，没有文献或档案材料证明——康熙帝临终前公开、正式册立储君。比如说，燕王朱棣发动"靖难之役"，篡了他侄子建文帝的位；唐太宗策动"玄武门之变"，夺了他兄长的位。那么，雍亲王篡位"篡"的是谁的位？说不清楚。所以，我认为"雍正篡位说"不能成立。

第三，"合法继位"说。主要根据是文献《清圣祖仁皇帝实录》和档案《康熙遗诏》。

第四，"雍正夺位"说。雍正帝既不是夺嫡，也不是篡位，又不是合法继位，许多议论集中到"雍正夺位"的问题上。这里，牵扯到《康熙遗诏》。雍正帝即位

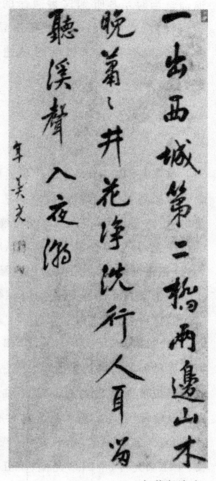

年羹尧诗迹

时宣布的《康熙遗诏》，不是康熙本人书写的，而且在康熙帝逝世三天后才宣布，因此有人认为雍正帝编造遗诏。《清圣祖仁皇帝实录》记载康熙帝临死前留下遗诏，今中国第一历史档案馆和台北故宫博物院各存有《康熙遗诏》档案。因此，引出《康熙遗诏》真伪的争论。一种看法认为，因为《遗诏》是雍正帝编纂的，所以不能作为雍正帝合法继位的可靠依据，雍正帝是篡位。另一种看法认为，虽然《遗诏》是雍正帝编纂的，但有依据：第一部分内容，《圣祖实录》有记载；第二部分内容中最关键的，是依据康熙帝的临终

遗命。当时亲耳听到这番遗命的除了隆科多之外,还有康熙帝的七位皇子,他们在当时并没有对此提出异议。所以,尽管这份遗诏是雍正帝编纂的,但是内容体现了康熙帝的遗愿,所以只能说雍正帝是夺位,而不是篡位。

三、欲盖弥彰

雍正帝的皇位,是正取还是逆取?从胤禛登极至今 280 余年以来,既是学术界激烈争议的问题,也是演艺界火爆炒作的题目。历史是胜利者的记录,正史不会、也不可能对雍正帝逆取皇位作出记载。康熙帝生前未立皇位继承的遗诏,也不会留下一鳞半爪暗示皇位继承的文献。但是,自康熙帝宾天,雍正帝继统起,便有皇位出自篡夺的传闻异说。

雍正帝为此亲撰上谕驳斥,编纂《大义觉迷录》一书,就"谋父"、"逼母"、"弑兄"、"屠弟"、"贪财"、"好杀"、"酗酒"、"淫色"、"好谀"、"任佞"等十项大罪,进行自辩,颁行天下。然而,事与愿违,弄巧成拙,欲盖弥彰,愈描愈黑,留下生动而曲折的历史故事。

雍正帝继承皇位之日,就面临着兄弟们的不满和挑战。当时有条件同胤禛竞争储位年满 20 岁的兄弟共有 13 人:即雍正帝的大哥允禔、二哥允礽、三哥允祉、五弟允祺、七弟允祐、八弟允禩、九弟允禟、十弟允䄂、十二弟允祹、十三弟允祥、十四弟允禵、十五弟允禑和十七弟允礼。此外,六弟允祚、十一弟允禌已死,十六弟允禄出继。雍正帝对这些兄弟常怀有一种恐惧和仇恨,他不惜以非常的手段来堵住他们的嘴。

大阿哥允禔 在太子废立中得罪皇父,被夺爵,幽于第。康熙帝派贝勒延寿等轮番监守,并严谕:疏忽者,当族诛。允禔已成为一只不再见天日的死老虎。雍正十二年(1734 年)死,以贝子礼殡葬。

废太子允礽 被禁锢在咸安宫,但雍正帝仍不放心。他一方面封其为理郡王;另一方面又命在山西祁县郑家庄盖房驻兵,将允礽移居幽禁。雍正二年(1724 年),允礽死去。

三阿哥允祉 本不太热心皇储,一门心思编书,但也受到牵连。雍正帝

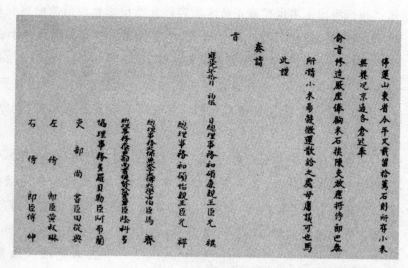

允禔奏折

即位后,以"允祉与太子素亲睦",命"允祉守护景陵",发配到遵化为康熙帝守陵。允祉心里不高兴,免不了私下发些牢骚。雍正帝知道后,干脆将允祉夺爵,幽禁于景山永安亭。雍正十年(1732年)死,以郡王礼殡葬。

五弟允祺 康熙帝亲征噶尔丹时,曾领正黄旗大营,后被封为恒亲王,其子恒升为世子。允祺没有结党,也没有争储,只想做个平安皇子。但是,雍正帝即位后,借故削恒升世子爵。雍正十年(1732年),允祺死亡。

七弟允祐 雍正八年(1730年)死。

八弟允禩 是雍正帝兄弟中最为优秀、最有才能的一位。但是,"皇太子之废也,允禩谋继立,世宗深憾之"。允禩为谋继位,同大阿哥允禔、九阿哥允禟、十阿哥允䄉、十四阿哥允禵等结党。所以,雍正帝继位后,视允禩及其党羽为眼中钉、肉中刺。允禩心里也明白,常怏怏不乐。雍正帝继位,耍了个两面派手法:先封允禩为亲王——其福晋对来祝贺者说:"何贺为?虑不免首领耳!"这话传到雍正帝那里,后命将福晋赶回娘家。不久,借故命允禩在太庙前跪一昼夜。后命削允禩王爵,圈禁于高墙,改其名为"阿其那"。"阿其那"一词,学者解释有所不同,过去多认为是"猪"的意思,近来有学者解释为"不要脸"。允禩被幽禁,受尽折磨,终被害死。后来乾隆帝给他的这位叔父平反:"未有显然悖逆之迹",恢复原名,收入《玉牒》。

九弟允禟 因同允禩结党,也为雍正帝所不容。允禟心里明白,私下表示："我行将出家离世!"雍正帝哪能容许允䄉出家!他借故命将允䄉革去黄带子、削宗籍,逮捕囚禁。改允䄉名为"塞思黑"。"塞思黑"一词,过去多认为是"狗"的意思,近来有学者亦解释为"不要脸"。不久给允䄉定28条罪状,送往保定,加以械锁,命直隶总督李绂幽禁。允䄉在保定狱所备受折磨,以"腹疾卒于幽所",传说是被毒死的。后乾隆帝给其九叔允䄉"复原名,还宗籍"。

十弟允䄉 因党附允禩,为雍正帝所恨。雍正元年(1723年),哲布尊丹巴胡图克图来京病故,送灵龛还喀尔喀(今蒙古共和国),命允䄉赍印册赐奠。允䄉称有病不能前行,命居住在张家口。同年借故将其夺爵,逮回京师拘禁。直到乾隆二年(1737年)才开释,后死。

果亲王允礼像

十二弟允裪 康熙末年任镶黄旗满洲都统,很受重用,也很有权,但没有结党谋位。雍正帝刚即位,封允裪为履郡王。不久,借故将其降为"在固山贝子上行走",就是从郡王降为比贝勒爵位还低的贝子,且不给实爵,仅享受贝子待遇。不久,又将其降为镇国公。乾隆即位后被进封为履亲王。这位允裪较其他兄弟气量大,一直活到乾隆二十八年(1763年),享年79岁。

十四弟允禵 虽与雍正帝一母同胞,但因他党同允禩,又传闻康熙帝临终前命传位"允祯"而雍亲王党篡改为"允禛",所以二人成了不共戴天的冤家兄弟。雍正帝即位,先是不许抚远大将军进城吊丧,又命其在遵化看守皇父的景陵,再将其父子禁锢于景山寿皇殿左右。乾隆帝继位后,将其十四叔开释。

十五弟允禑 康熙帝死后,雍正帝命其守景陵。

此外,尚有两人受到雍正帝的优待——就是其十三弟允祥和十七弟允礼。允祥,曾被康熙帝幽禁,原因不详。雍正帝继位,即封允祥为怡亲王,格外信用。允礼,雍正帝继位封为果郡王,再晋为亲王,先掌管理藩院事,继任宗人府宗令、管户部。允祥和允礼显然早加入"胤禛党",只是康熙帝在世时,十分隐秘,未曾暴露。

应当说,雍正帝兄弟之间、君臣之间,彼此猜忌,相互残杀,既是家族斗争,也说明雍正帝的继位是一次激烈的宫廷斗争。

相关推荐书目

(1)孟　森:《清世宗入承大统考实》,《明清史论著集刊》,中华书局,2006 年

(2)冯尔康:《雍正传》,人民出版社,1985 年

(3)李国荣、张书才:《实说雍正》,紫禁城出版社,1999 年

(4)[日]杨启樵:《揭开雍正皇帝隐秘的面纱》,香港商务印书馆,2000 年

(5)陈捷先:《雍正写真》,远流出版事业股份有限公司,2001 年

(6)阎崇年:《正说清朝十二帝》(增订图文本),中华书局,2006 年

乾隆帝朝服像

第七讲

乾隆出生何地

　　乾隆帝，名弘历，属兔，25 岁登极，在位 60 年，又当太上皇 3 年零 3 天，享年 89 岁。庙号高宗，谥号纯皇帝。乾隆帝的祖父康熙帝在位 61 年而实际执政 53 年，乾隆帝在位 60 年而实际执政 63 年。中国历史从秦嬴政称始皇帝到宣统皇帝退位，共 2132 年，凡 349 帝，其中年满 80 岁的有六位：南朝梁武帝萧衍 86 岁（被饿死）、唐武则天 82 岁、五代十国吴越武肃王钱镠（lú）81 岁、宋高宗赵构 81 岁、元世祖忽必烈 80 岁、清高宗（乾隆）弘历 89 岁；而大一统皇朝年满 70 岁的皇帝只有四位：汉武帝刘彻 71 岁、唐高祖李渊 70 岁、唐玄宗李隆基 78 岁、明太祖朱元璋 71 岁。可见，乾隆皇帝是中国历史上"实际执政时间最长、年寿最高"的皇帝。

　　但是，像乾隆帝这样一位论福论寿都到极点的皇帝，他的出生地竟然出现了不同的说法，成为一桩历史疑案。

　　在清朝十二位皇帝中，出生地点不明的只有两位皇帝，就是清太祖努尔哈赤和清高宗弘历。努尔哈赤出生时还没有创制满文，他当时又不是什么显赫人物，所以他的出生地没有留下明确的记载，是可以理解的。但是，乾隆帝不一样，他出生时父亲虽然还没有当上皇帝，但已经贵为雍亲王，他的出生地怎么会出现疑案呢？

　　关于乾隆帝的出生，皇家的《玉牒》虽记载出生时间、生身母亲，却不记载出生地点。乾隆帝本人认为自己出生在雍和宫,乾隆朝有人提出乾隆帝出生在避暑山庄,嘉庆帝对避暑山庄说先承认后否认,道光帝再否认,弄得乾隆、嘉庆、道光三朝,朝廷上下,京城内外,官方文献,御制诗文,野史笔记,民间传说,极为热闹,非常有趣。特别是到了清末民初,反满情绪,推波助澜,戏剧小说,沸沸扬扬,又敷衍出别的说法。概括来说,关于乾隆的出生地有三种说法:一说是出生在陈相国宅,二说是出生在雍和宫,三说是出生在避暑山庄。

有关乾隆帝出生在陈相国宅的说法,主要是民国六年(1917年)蔡东帆(藩)《清史通俗演义》,该书第三十回说:"相传钮祜禄氏,起初为雍亲王妃,实生女孩,与海宁陈阁老的儿子,是同年同月同日生的。钮祜禄氏恐生了女孩,不能得雍亲王欢心,佯言生男,贿嘱家人,将陈氏男孩儿抱入邸中,把自己生的女孩子换了出去。陈氏不敢违拗,又不敢声张,只得将错便错,就算罢休。"《清朝野史大观》也有《高宗与海宁陈家》的题目,《清宫十三朝》第四十二回说:"你道宝亲王是何人? 便是钮祜禄氏皇后从陈阁老家里换来的孩子,便是后来的乾隆皇帝。"这个悬疑,后面我讲乾隆帝生母时要专门讲。现在讲后两种说法。

一、雍和宫说

乾隆帝是雍正帝的第四个儿子,康熙五十年(1711年)八月十三日出生。乾隆帝出生在什么地方? 他母亲最清楚,可惜他母亲没有留下文字记载,已经死无对证。雍正皇帝也从来没有说过。倒是乾隆帝自己说出他的出生地点。乾隆帝自己认为:他生在雍和宫。

康熙三十七年(1698年),乾隆帝的父亲胤禛被册封为"多罗贝勒",第二年分府居住,搬出皇宫。新府在内城东北隅的一处院落,这里原是"明内宫监官房",清初划给内务府作官用房舍,赐给胤禛后,这里俗称为"禛贝勒府"或"四爷府"。康熙四十八年(1709年)胤禛被晋封为雍亲王,他的住所就被称为"雍亲王府"。两年以后,康熙五十年(1711年)八月十三日,弘历(后来的乾隆帝)出生。雍亲王胤禛继位后,原来的雍亲王府赐名为"雍和宫"。乾隆帝登极后,把雍和宫改成喇嘛庙。直到今天,雍和宫仍是著名的藏传佛教庙宇。乾隆帝在步入老年以后,曾经多次以诗或以诗注的形式,表明自己是出生在雍和宫。

雍和宫法轮殿

下面我讲七个例子：

其一，乾隆四十三年（1778年）新春，乾隆帝作《新正诣雍和宫礼佛即景志感》诗，有"到斯每忆我生初"的诗句。这说明乾隆帝本人认定自己出生在雍和宫。这一年，乾隆帝68岁，他母亲上年正月以86岁高龄病逝。

其二，乾隆四十四年（1779年）新春，乾隆帝又一次在《新正雍和宫瞻礼》诗中说："斋阁东厢胥熟路，忆亲唯念我初生。"在这里，乾隆帝不仅认定自己诞生在雍和宫，而且还指出了具体的出生地点，就在雍和宫的东厢房。这一年，乾隆帝69岁。乾隆帝自己说自己出生在雍和宫东厢，应当算是比较可信的。

其三，乾隆四十五年（1780年）的新春，乾隆帝再一次到雍和宫礼佛时说：

雍和宫是跃龙地，大报恩宜转法轮。

例以新正虔礼佛，因每初地倍思亲。

禅枝忍草青含玉，象阁蜂坛积白云。

十二幼龄才离此，讶今瞥眼七旬人。

这一年,乾隆帝70岁,他在这首诗的下注云:"康熙六十一年始蒙皇祖养育宫中,雍正年间遂永居宫内。"

其四,乾隆帝每年正月初七日,都要来到雍和宫礼拜。这一日过去称作"人日"。据晋朝人董勋《答问礼俗说》记载:"正月一日为鸡,二日为狗,三日为猪,四日为羊,五日为牛,六日为马,七日为人。"乾隆四十七年(1782年)正月初七日,乾隆帝作《人日雍和宫瞻礼》诗云:

> 从来人日是灵辰,潜邸雍和礼法轮。
>
> 鼍鼓螺笙宣妙梵,人心物色启韶春。
>
> 今来昔去宛成岁,地厚天高那报亲?
>
> 设以古稀有二论,斯之吾亦始成人。

上诗中"古稀有二"说明他已经72岁了。他在诗的末句注云:"余实于康熙辛卯生于是宫也。"辛卯年就是康熙五十年(1711年)。

其五,乾隆五十年(1785年)正月初七,即所谓"人日"那天,乾隆帝又来到雍和宫瞻礼时,赋诗曰:

> 首岁跃龙邸,年年礼必行。
>
> 故宫开谀荡,净域本光明。
>
> 书室聊成憩,经编无暇横。
>
> 来瞻值人日,吾亦念初生。

乾隆帝的意思是,在正月初七日这一天,到雍和宫做瞻礼,总是念念不忘当初就是出生在这里。这一年,乾隆帝已是75岁的老人了。

其六,乾隆五十四年(1789年)正月初七日,乾隆帝79岁时又作《新正雍和宫瞻礼》诗云:"岂期莅政忽焉老,尚忆生初于是孩。"其下自注云:"予以康熙辛卯生于是宫,至十二岁始蒙皇祖养育宫中。"明确重申诞生于雍和宫。

其七,乾隆六十年(1795年),乾隆帝85岁高龄,作《御瞻礼示诸皇子》诗又云:

雍和宫万佛阁

跃龙池自我生初，
七岁从师始读书。
廿五登基考承命，
六旬归政祖钦予。
月长日引勖无逸，
物阜民安愧有余。
深信天恩锡符望，
永言题壁示听诸。

从以上七个例子来看，乾隆帝一贯地认为自己就出生在雍和宫。但是，他还在位的时候，就有人对其出生地发出不同的议论，认为他出生在承德避暑山庄。乾隆帝晚年对自己出生地的流言蜚语可能有所耳闻，他的诗作就是强调自己确实生在雍和宫。特别是他在诗注中用了一个"实"字，似乎在故意强调，真有点"此地无银三百两"的意味呢！

二、避暑山庄说

那位提出乾隆帝出生在避暑山庄的官员名叫管世铭，当时任军机章京。他随乾隆帝一起去避暑山庄木兰秋狝，写下《扈跸秋狝纪事三十四首》（收入《韫山堂诗集》），其中第四首涉及到乾隆帝的出生地：

庆善祥开华渚虹，降生犹忆旧时宫。

年年讳日行香去,狮子园边感圣衷。

管世铭在这首诗的后面有个"诗注",说:"狮子园为皇上降生之地,常于宪庙忌辰临驻。"这里明确地说:狮子园是乾隆帝的诞生地,因此乾隆帝常在先帝雍正驾崩的忌日(八月二十三日),到这里小住几天。

狮子园是承德避暑山庄外的一座园林,因为它的背后有一座形状像狮子的山峰而得名。康熙帝到热河避暑时,雍正帝作为皇子经常随驾前往,狮子园便是雍亲王一家当时在热河的住处。管世铭等一些朝野人士认为:避暑山庄狮子园是乾隆帝的出生地。这里要介绍一下管世铭。

雍亲王行乐图

管世铭,字缄若,也称"韫山先生",江苏武进人,乾隆四十三年(1778年)进士、五十一年(1786年)十月以户部主事入值军机处,六十年(1795年)改浙江道监察御史,经大学士、首席军机大臣阿桂奏请,仍留军机处供职。嘉庆三年(1798年)十一月十二日去世。虽然他

的官品并不算高，但作为军机章京长达十余年，又和当朝元老首席军机大臣阿桂有特殊关系，所以了解一些内廷掌故和宫闱秘闻。他随扈乾隆帝木兰秋狝，应当比较熟悉皇帝在避暑山庄的起居行止。而且，当年康熙帝驻跸避暑山庄，确实多次亲临狮子园，与雍亲王一家团聚。康熙、雍正、乾隆三代皇帝曾经在狮子园相聚，成为清朝历史上的一段佳话。所以，军机章京管世铭明确地写出："狮子园为皇上降生之地。"管世铭是当朝人写当朝事，在文字狱大兴的时代，这样写应当是有所依据的。

像管世铭这样的说法在当时具有一定的代表性，连乾隆帝的儿子嘉庆帝也曾说皇父出生地是避暑山庄。

乾隆六十年(1795年)，乾隆帝宣布皇十五子颙琰为皇太子，明年元旦37岁的皇太子正式即位，即嘉庆帝。乾隆帝则禅位，做太上皇。

嘉庆元年(1796年)八月十三日，乾隆帝首次作为太上皇在避暑山庄过万万寿节(皇帝生日称万寿节，太上皇生日称万万寿节)，庆祝86岁大寿，嘉庆帝特别写作《万万寿节率王公大臣等行庆贺礼恭纪》诗庆贺。诗云："肇建山庄辛卯年，寿同无量庆因缘。"其下注云："康熙辛卯肇建山庄，皇父以是年诞生都福之庭。山符仁寿，京垓亿秭，绵算循环，以祜冒奕祀，此中因缘，不可思议。"

嘉庆帝在诗后"注解"说：皇祖康熙辛卯年(康熙五十年)题写了"避暑山庄"匾额，皇父乾隆帝也恰好在这年降生在避暑山庄，这是值得庆贺的福寿无量的因缘！

嘉庆二年(1797年)，乾隆帝又到避暑山庄过生日，嘉庆帝随驾到避暑山庄，再次写《万万寿节率王公大臣等行庆贺礼恭纪》诗祝寿，在诗文的注释中，嘉庆帝把皇父乾隆帝的出生地说得更明确了："敬惟皇父以辛卯岁，诞生于山庄都福之庭。跃龙兴庆，集瑞钟祥。"

嘉庆帝以上两条诗注，都表明：皇父乾隆帝出生在承德避暑山庄。

人们把嘉庆帝的诗和管世铭的诗联系起来考虑，很多人认为乾隆帝的出生地是避暑山庄。

嘉庆八年(1803年)，嘉庆帝谕旨梓行《清仁宗御制诗初集》，就是出版嘉庆帝个人的诗集。上述两首诗收录集中，并刊行于世。说明嘉庆帝到这时

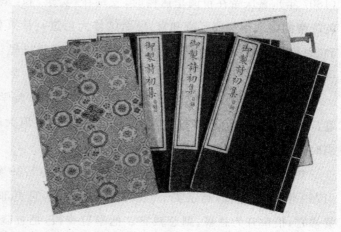

《清仁宗御制诗初集》

还是认为皇父乾隆帝出生在承德避暑山庄。可见，乾隆帝的诞生地在避暑山庄，是当时的一个通行说法。所以后来有官员说："狮子园说其讹传久矣。"

洗三盆

此外，避暑山庄中有一件文物，就是紫檀木雕盆托上放着一只铜盆，据说这就是乾隆帝出生后三日洗澡用的"洗三盆"。既然乾隆帝出生后的"洗三盆"放在避暑山庄，那么乾隆帝当然应当是生于避暑山庄。

然而，在十几年后，嘉庆帝主动放弃了这一说法，而认同皇父乾隆帝"诞于雍和宫邸"的说法。

三、一波三折

是什么促使嘉庆帝放弃了皇父出生在雍和宫的说法呢？

原来清朝每一位皇帝登极以后，都要为先帝纂修《实录》和《圣训》。先是，嘉庆帝命朝臣编修《清高宗实录》和《清高宗圣训》。至是，嘉庆十二年

（1807年），嘉庆帝在审阅呈送稿时，发现在《实录》和《圣训》稿中，都把皇父乾隆帝的出生地写成了雍和宫，便命编修大臣进行认真核查。这件事情，英和《恩福堂笔记》载："丁卯岁（嘉庆十二年）实录馆进呈《圣训》，首载'诞圣'一条，仁庙即以为疑，饬馆臣覆。"

英和，当时在南书房参与机密，又当过翰林院掌院学士。《清高宗实录》卷首列英和的职衔是：经筵讲官、工部左侍郎、内务府大臣等。据英和记载，当时奉旨查覆的负责官员叫刘凤诰。

刘凤诰，字金门，江西萍乡人，乾隆五十四年（1789年）进士。嘉庆四年（1799年）开馆纂修《高宗实录》及《高宗圣训》时，官吏部侍郎，故称少宰，任纂修官，很快升为总纂、副总裁官。他奉旨查覆，把乾隆帝当年写的诗找出来，凡是乾隆帝自己说生在雍和宫的册页都夹上黄签，呈送嘉庆帝审阅。据英和记载："经刘金门少宰凤诰奏，本圣制《雍和宫诗》，将圣集夹签进呈，上（嘉庆帝）意始解。而圣制诗注谓：'予实于康熙辛卯生于是宫也。'则知'狮子园说'其讹传久矣。"

嘉庆帝面对皇父御制诗及其注，感到问题严重。在皇父出生地的问题上，怎能违背皇父本人的旨意呢！于是，嘉庆帝放弃了皇父出生在避暑山庄狮子园的说法，而认同出生在雍和宫的说法。按照嘉庆帝谕旨编纂的《高宗纯皇帝实录》和《圣训》写道：

> 高宗……纯皇帝，讳弘历，世宗……宪皇帝第四子也。母孝圣……宪皇后钮祜禄氏。原任四品典仪官、加封一等承恩公凌柱之女。仁慈淑慎，恭俭宽和，事世宗宪皇帝，……以康熙五十年辛卯八月十三日子时，诞于雍和宫邸。（《清高宗纯皇帝实录》卷一）

刘凤诰廓清了如此重要的讹传，受到嘉庆帝的恩眷。到《高宗实录》及《高宗圣训》编修告竣之时，刘凤诰官为经筵讲官、太子少保、吏部右侍郎，并开复（撤销）前此因修书降一级的处分。

然而，嘉庆帝是一位平庸的皇帝，表现在对皇父乾隆帝出生地的确认问题上，有些虎头蛇尾，疏忽大意。乾隆帝诞生于雍和宫邸的说法，只有嘉庆皇帝本人与纂修《高宗实录》的极少数馆臣知道,而其他大臣并不知晓这个钦定的结论。更为重要的是,嘉庆帝并没有明降谕旨,修正《清仁宗御制诗初集》中记载皇父降生避暑山庄的文字。因此很多人仍然认为乾隆帝诞生于避暑山庄。这样就导致了一桩震动朝野的"嘉庆遗诏风波"。

嘉庆遗诏风波 嘉庆二十五年(1820年)七月二十四日,嘉庆帝到塞外木兰秋狝,到达避暑山庄。第二天,嘉庆帝突然在避暑山庄驾崩。军机大臣托津、戴均元等代笔撰写嘉庆帝《遗诏》,其中采信了嘉庆帝早期关于乾隆帝生于避暑山庄的说法,《遗诏》末有皇祖"降生避暑山庄"一语,把乾隆帝诞生地写成是避暑山庄。《遗诏》向天下公布以

"嘉""庆"连珠玺

后,刘凤诰发现了其中的问题,从而掀起了一场不小的风波。

这位刘凤诰当年编修完《高宗实录》与《高宗圣训》后,虽然得到了一些好处,但此后在仕途上却遭遇了重大挫折。嘉庆十四年(1809年)八月,御史陆言弹劾刘凤诰充任江南乡试正考官和浙江学政时,终日酣饮,接受贿赂,透露试题,因而引起江南考生闹事。嘉庆帝命户部侍郎托津等为钦差大臣,前往查办。托津等查明刘凤诰接受请托属实,刘因而被发配到黑龙江充军,直到嘉庆十八年(1813年)才被恩释回籍,官运从此一蹶不振。后来嘉庆帝仍不忘他修纂《高宗实录》时的功劳,把他从原籍召回北京,赏给翰林编修,算是一种安慰。相反,负责查办此案的托津等却不断高升,嘉庆后期,托津为大学士,刘凤诰虽恨之入骨,但一时难以报复。嘉庆帝遗诏颁布,刘凤诰第一个发现遗诏中将乾隆帝诞生地写成避暑山庄。刘凤诰认为泄十年之隐忿,报复托津等人时机已到,便向曹振镛进言道:"遗诏中有非同小可之误,

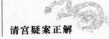

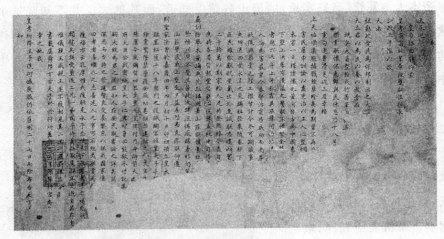

嘉庆皇帝的"遗诏"

可借此倾隐政敌。"

曹振镛，安徽歙县人，乾隆四十六年（1781年）进士，《高宗实录》主要纂修官之一，后来做到体仁阁大学士，管工部，但一直没有能入值军机处。清制：内阁无实权，内阁大学士兼军机大臣方为真宰相。此人对托津、戴均元等实权派人物早有不满，所以一直在窥测时机，想取托津、戴均元而代之。

同年八月十二日，道光帝奉大行皇帝梓宫回京师，大学士曹振镛乘皇上召对之机，陈奏说：军机大臣所拟嘉庆皇帝遗诏中有严重错误，把乾隆帝的诞生地说成是避暑山庄，曹振镛还指《高宗实录》为证，那上面开首即讲乾隆帝诞生于"雍和宫邸"。

道光帝得到这个疏奏，非常重视，九月初七日，降下要详查"遗诏"事件原委的谕旨：

> 谕内阁：七月二十五日，恸遭皇考大行皇帝大故，彼时军机大臣敬拟遗诏，朕在居丧之中，哀恸迫切，未经看出错误之处，朕亦不能辞咎。但思军机大臣，多年承旨，所拟自不至有误。及昨内阁缮呈遗诏副本，以备宫中时阅。朕恭读之下，末有皇祖"降生避暑山庄"之语，因请出皇祖《实录》跪读，始知皇祖于康熙辛卯八月十三日子时诞生于雍和宫邸。

复遍阅皇祖《御制诗》，凡言降生于雍和宫者，三见集中。

于是命大学士曹振镛，协办大学士、尚书伯麟，尚书英和、黄钺传旨，令军机
大臣明白回奏。后托津等奏称：恭查大行皇帝《御制诗初集》第十四卷《万万
寿节率王公大臣等行庆贺礼恭纪》，诗注恭载高宗纯皇帝"以辛卯岁诞生于
山庄都福之庭"；又第六卷《万万寿节率王公大臣等行庆贺礼恭纪》诗注相
同。至《实录》未经恭阅，不能深悉等语。

道光帝又谕：

> 朕敬绎皇考诗内语意，系泛言山庄为都福之庭，并无诞降山庄之
> 意，当日拟注臣工，误会诗意。兹据军机大臣等称《实录》未经恭阅，尚
> 属有辞；至皇祖（即乾隆帝）《御制诗》久经颁行天下，不得诿为未读，实
> 属巧辩！除托津、戴均元俱以年老，不必在军机处行走，并不必恭理大
> 行皇帝丧仪，与文孚、卢荫溥一并交部议处。卢荫溥、文孚年力尚强，与
> 托津、戴均元行走班次在前者亦有区别，仍留军机大臣。遗诏布告天
> 下，为万世征信，岂容稍有舛错？故不得不将原委，明白宣示中外。著
> 将此旨，通谕知之！

道光帝利用乾隆帝出生地的事件，发起了一场朝廷地震，严惩托津和戴均元
这班前朝重臣，换上了自己的人马。这明显带有借题发挥、小题大做的意
味，道光帝为什么要这么做呢？这是因为，他在继位的问题上一波三折，憋
了一口气。

第一，嘉庆帝刚断气，总管内务府大臣禧恩就建议由旻宁（即道光帝）继
位，但未立即得到军机大臣的认同。禧恩是睿亲王淳颖之子，由御前侍卫进
升为内务府大臣，出身宗室，地位重要。《清史稿·禧恩传》记载："仁宗崩于
热河避暑山庄，事出仓猝，禧恩以内廷扈从，建议宣宗有定乱勋，当继位。枢
臣托津、戴均元等犹豫。禧恩抗论，众不能夺。会得秘匣朱谕，乃偕诸臣奉
宣宗即位。"禧恩上述的建议表明，嘉庆帝生前并未就嗣位之事，在大臣中公
布。因而首席军机大臣托津和军机大臣戴均元都表示，虽然二阿哥（旻宁）

道光皇帝朝服像

智勇双全、众望所归，但毕竟没有见到大行皇帝的遗诏，万一那份藏在"正大光明"匾后的谕旨名单上，是别人的名字呢？这两位势高权重的大臣，在道光帝继位的关键时刻，表现出"犹豫"的态度。虽然并无阻拦的意思，但是让急于登位的旻宁很生气。

第二，镭匣没有放在乾清宫"正大光明"匾后。按照雍正帝的谕定，皇帝立储的缄封御书，悬置于乾清宫"正大光明"匾额之后。嘉庆帝的秘密立储御书，自然不应例外。但是，嘉庆帝在避暑山庄病逝后，本应立即派大臣急驰北京，到乾清宫取下"正大光明"匾后的秘密立储的御书。但是，当时并没有这样做。

第三，孝和睿皇后传懿旨要旻宁嗣位。孝和睿皇后并不知密诏镭匣在什么地方，所以当她在京惊悉嘉庆帝崩于热河行宫噩耗后，发出懿旨："皇次子智亲王，仁孝聪睿，英武端醇，现随行在，自当上膺付托，抚驭黎元。但恐仓卒之中，大行皇帝未及明谕，而皇次子秉性谦冲，素所深知。为此特降懿旨，传谕留京王大臣，驰寄皇次子，即正尊位。"旻宁在热河接奉懿旨时，确实"愉感靡极"，"伏地叩头，感悚不能言喻"，感恩于皇太后。《清史稿·孝和睿皇后传》记载："仁宗幸热河，崩。后传旨令宣宗嗣位。宣宗尊为皇太后，居康寿宫。"时皇后钮祜禄氏生有绵恺、绵忻两子,但她在不知镭匣御书的情况下,懿旨由旻宁继位,既难能可贵,又证明镭匣御书不在乾清宫。

第四,几经周折才找到镭匣御书。包世臣所撰《戴均元墓碑》文,记载当时寻找并开启镭匣的情状。《碑文》说:嘉庆二十五年(1820年)春,戴均元拜文渊阁大学士,晋太子太保,管理刑部。七月,戴均元"偕满相托文恪公(托津),扈滦阳围。甫驻跸,圣躬骤有疾,不豫。变出仓猝,从官多皇遽失措。公与文恪,督内臣检御箧十数事,最后近侍于身间出小金盒,锁固无钥,文恪拧金锁,发盒得宝书。公即偕文恪奉今上即大位,率文武随瑞邸(绵忻)成礼。乃发丧,中外晏然。"(《清代碑传全集续集》卷二)镭匣御书终于在嘉庆帝身边找到,道光帝的继位才算完全顺理成章。

第五,旻宁终于得以继位。此事,《清史稿·戴均元传》记载:"从扈热河,甫驻跸,帝不豫,向夕大渐。均元与大学士托津督内侍检御箧,得小金盒。启镭,宣示御书立宣宗为皇太子,奉嗣尊位,然后发丧。"《清史稿·托津传》也记载:"仁宗崩于热河避暑山庄,事出仓猝,托津偕大学士戴均元,手启宝盒,奉宣宗即位。"

由上可见,旻宁继位,首先得到以禧恩为代表的宗室之建议和认同,但是重臣托津、戴均元表现出犹豫;后来很快得到皇太后的中宫懿旨,最重要的是找到了镭匣御书的圣旨,这场政治风波才告平息。道光帝的继位虽说有惊无险,但他还是憋了一口气,很显然对戴均元和托津心存不满。现在,正好抓住这个茬儿,将二人从军机大臣的位置上赶下来。

道光帝登极伊始,便巧妙地利用乾隆帝出生地的不同说法,整掉了前朝的权臣、重臣、老臣。恐怕乾隆帝无论如何也想不到,竟然会因为自己出生地的分歧而酿成了如此剧烈的朝廷变局!恐怕嘉庆帝也想不到,竟然会因为自己将皇父出生地前后说成两个地点,而酿成了如此剧烈的朝廷变局!

上述政治风波之后,道光帝连续做了三件事:

第一,追回《嘉庆遗诏》。道光帝降旨福建、广东、广西、云南四省督、抚,以日行六百里的最快速度,将发往琉球、越南、缅甸的《遗诏》追回来。

第二,更改《嘉庆遗诏》。曹振镛在遗诏风波中如愿以偿,被晋升为武英殿大学士,入值军机,替代了原首席军机大臣托津的位置。道光命曹振镛主

持修改遗诏中的错误:

原本:古天子终于狩所,盖有之矣。况滦阳行宫,为每岁临幸之地,我皇考即降生避暑山庄,予复何憾?

改定本:古天子终于狩所,盖有之矣。况滦阳行宫,为每岁临幸之地,我祖、考神御(即影像)在焉,予复何憾?

上面把"我皇考即降生避暑山庄"一句,改为"我祖、考神御(即影像)在焉"。

第三,更改《清仁宗御制诗初集》。当年嘉庆帝发现自己的诗注有问题时,并没有将刊发的诗集收回更正,导致后来托津、戴均元又采用了诗中的说法。道光帝则对《仁宗御制诗初集》中有关乾隆帝出生于避暑山庄的说法加以订正,重新刊发。比如:

初版《清仁宗御制诗初集》:"康熙辛卯,肇建山庄。皇父以是年,诞生都福之庭。山符仁寿,京垓亿秭,……敬惟皇父以辛卯岁,诞生于山庄都福之庭,跃龙兴庆,集瑞钟祥。"

改版《清仁宗御制诗初集》:"康熙辛卯年,肇建山庄。皇父以是年诞生。瑞启苍符,山征仁寿……敬惟皇父以辛卯岁诞生,而山庄之建,亦适成于是岁。瑞应祥征,默孚宝祚。"

但是,嘉庆七年(1802年)那个版本的《清仁宗御制诗初集》毕竟已经刊行,所以我们今天可以看到两种不同版本的《清仁宗御制诗初集》,后者修改的痕迹赫然纸上。由于嘉庆帝的诗早已公开流行天下,道光帝这样大张旗鼓地修改,结果欲盖弥彰。因为道光帝改得不彻底,有一部分没有改的嘉庆帝御制诗集流传下来,从而愈加使天下官员百姓,对乾隆帝出生地产生疑惑,进而使乾隆帝"降生避暑山庄"之说,尽为天下人所知。同时,嘉庆帝和道光帝更改乾隆帝出生在避暑山庄说,所依据的只是乾隆帝的御制诗及其诗注,尚不能使天下人信服。所以直到现在,乾隆帝出生地仍是一桩历史疑案。

朝廷无小事,细末酿风波。一名普通百姓,出生在什么地方,对家庭来说,可能算是一回事;但对民族、对国家来说,没有什么影响。皇帝却不同,乾隆帝的出生地,乾隆朝、嘉庆朝、道光朝,闹腾了三朝,最后酿出一场宫廷政治风波。康熙帝曾说:"一事不谨,即贻四海之忧;一时不谨,即贻百世之患。"此言不虚!

相关推荐书目

(1)周远廉:《乾隆皇帝大传》,河南人民出版社,1990年

(2)孟昭信:《康熙皇帝大传》,吉林文史出版社,1987年

(3)白新良主编:《乾隆传》,辽宁教育出版社,1990年

(4)陈捷先:《乾隆写真》,远流出版事业股份有限公司,2002年

(5)郭成康:《乾隆正传》,中央编译出版社,2006年

乾隆皇帝之母孝圣宪皇后

第八讲

乾隆生母是谁

　　乾隆皇帝不但出生地有疑案，而且他的亲生母亲是谁也有疑案。作为一代帝王来说，这在清史上是仅有的，在中国历史上也不多见。如果是一个普通人，他的母亲是谁，只与他的家族有关，于民族、国家、社稷关系不大；但乾隆帝不同，他的母亲是谁，是关乎民族与政治的大问题。因此，乾隆帝的

描绘乾隆为崇庆太后（孝圣）做寿的《慈宁燕喜图》（局部）

生母问题才引起那么多人的关注。

据史书记载，康熙六十一年（1722 年），康熙帝在避暑山庄狮子园，会见了乾隆帝弘历的生母（就是后来的崇庆皇太后），说她是有福之人。乾隆帝的确是个孝子，他为母亲 60 大寿，大修清漪园（今颐和园），改瓮山名为万寿山；他曾侍奉母亲三上泰山、四下江南，多次到避暑山庄；他还别出心裁，用 3000 多两黄金做了一个金塔，专门用来存放母亲梳头时掉下来的头发，所以叫"金发塔"。但是，这位有福气的崇庆皇太后，一直有议论说她竟然不是乾隆帝的生母，或者说她的身世可疑。

一、野史传说

清末民初，反清排满的风气很盛，出现了很多有关清帝的野史传说。乾隆帝生母疑案，更是被炒得街谈巷议，沸沸扬扬。我归纳一下，主要有四说：

第一，南方傻姐说。民国时期曾任国务总理的熊希龄，从"老宫役"口中，听到乾隆帝生母的故事，并对胡适讲道："乾隆帝之生母为南方人，浑名'傻大姐'，随其家人到热河营生。"这种传说因《胡适之日记》而流传甚广。弘历（乾隆帝）出生时，胤禛已是雍亲王，他怎么会纳一位"傻大姐"为福晋呢！这纯属齐东野语，毫无根据，不必相信，也毋需论。

第二，承德贫女说。晚清湖南王闿运曾经做过曾国藩的幕僚，还做过大学士肃顺的西席（家庭教师），交游甚广，熟谙掌故，又

熊希龄

是晚清著名诗人。王闿运在《湘绮楼集·今列女传》中,说:

> 孝圣宪皇后,纯皇帝(指乾隆)之母也。始在母家,居承德城中,家贫无奴婢。六七岁时,父母遣诣市买浆酒粟面,所至店肆辄大售,市人敬异焉。十三岁入京师,值中外姊妹当选入宫,随往观之,门者初以为在籍中,既而引见,十人为列,始觉之。主者惧,谴令入末班。孝圣容体端颀(qí),中选,分皇子邸,得在雍府,即世宗宪皇帝王宫也。宪皇帝肃俭勤学,靡有声色侍御之好,福晋别居,进见有时。会夏被时疾,御者多不乐往,孝圣奉妃命,旦夕服事维谨,连五六旬,疾大愈,遂得留侍,生高宗(乾隆)焉。(张采田《清列朝后妃传稿》上)

. 他提出,乾隆帝的生母虽然是钮祜禄氏,但的确与避暑山庄有关。与皇室家谱——《玉牒》和《清高宗实录》记载的孝圣宪皇后钮祜禄氏家世比较,王闿运所记不仅详尽,而且多有异辞。说钮祜禄氏"家贫无奴婢",13岁时混入姐妹群中得入选秀女,分雍亲王府为侍女,都不见于《玉牒》和《实录》。

上述记载可信吗?曾任清史馆纂修的张采田说:"王氏书好任意出入。"晚清遗老、熟悉清宫掌故的光绪进士金梁认为:从《钦定宫中现行则例》里,可见清宫门卫制度森严,怎么可能让一个承德女子混进皇宫并入选秀女呢?断言王闿运所记不实。但王闿运关于乾隆帝生母钮祜禄氏家世及入宫的说法,虽不无破绽,却应予重视。张采田在《清列朝后妃传稿》中引述英和《恩福堂笔记》和王闿运《湘绮楼集》的记载,促发人们更加关注这个疑案。

第三,海宁陈家说。海宁在清朝属杭州府,是滨海的一个小县,它之所以闻名于世,一是这里可以观气势磅礴的海潮,再就是明清以来这里出了一个"海宁陈家"。

海宁陈氏后人陈其元所撰《庸闲斋笔记》讲了一段掌故:道光朝时他的从祖陈崇礼做建昌道,有一次被皇帝召见询问他的家世,崇礼奏称系陈元龙、陈世倌(guān)的后人。道光帝道:"汝固海宁陈家也。"于是将他擢升为盐运使。这里提到的陈世倌,就是以都察院左都御史、工部尚书,乾隆七年

（1742 年）官拜文渊阁大学士，并被广为传说是乾隆皇帝真正生父的海宁陈阁老。

这个故事来自清末天嘏（gǔ）所著《清代外史》，书中《弘历非满洲种》写道：

浙江海宁陈氏，自明季衣冠雀起，渐闻于时，至（陈）之遴，始以降清，位至极品。厥后陈诜（shēn）、陈世倌、陈元龙，父子叔侄，并位极人臣，遭际最盛。康熙间，胤禛与陈氏尤相善，会两家各生子，其岁月日时皆同。胤禛闻悉，乃大喜，命抱以观。久之，始送归，则竟非己子，且易男为女矣。陈氏殊震怖，顾不敢剖辨，遂力秘之。未几，胤禛袭帝位，即特擢陈氏数人至显位。迨乾隆时，其优礼于陈者尤厚。尝南巡至海宁，即日幸陈氏家，升堂垂询家世。将出，至中门，命即封之。谓陈氏曰："厥后非天子临幸，此门毋轻开也。"由是，陈氏遂永键其门。或曰："弘历实自疑，故欲亲加访问耳。"或曰："胤禛之子，实非男，入宫比视，妃窃易之，胤禛亦不知也。"或又曰："弘历既自知非满人，在宫中尝屡屡穿汉服，欲竟易之。一日，冕旒袍服，召所亲近曰：'朕似汉人否？'一老臣跪对曰：'皇上于汉诚似矣，而于满洲非也。'弘历乃止。"

海宁海神庙

这段文字核心的意思是说,在康熙年间,海宁陈家和雍亲王胤禛两家同时生孩子,且生日时辰都相同,雍亲王命陈家将孩子抱进王府自己要看看,结果抱进去的是男孩,抱出来的却是女孩!陈家怕引来灭门之祸,不敢声张。

蔡东帆(藩)《清史通俗演义》第三十回对此加以渲染,钱塘九钟主人《清宫词》又为之推波助澜。《清宫词》有一首说:"巨族盐官高渤海,异闻百载每传疑。冕旒汉制终难复,曾向安澜驻翠蕤(ruí)。"诗的作者还对最后一句诗加了注释:"海宁陈氏有安澜园,高宗南巡时,驻跸园中,流连最久。乾隆中尝议复古衣冠制,不果行。"《清宫词》说"巨族盐官高渤海",指的就是海宁陈家,这首词原注中指乾隆帝南巡驻陈氏安澜园流连最久为证。

应该说《清代外史》也好,《清史通俗演义》也好,《清宫词》也好,有关乾隆帝生母的异说,当时都带有排满的政治意味。因为如果乾隆帝是海宁陈氏之子,也就否定了他的纯正满洲血统,因而清朝自乾隆以后,已成了汉家天下。这个传闻尤为汉人所津津乐道,到了清末民初,几乎众口一词,尤其江浙一带更甚。

野史炒作之后,小说家又出来凑热闹,首先登场的就是名噪一时的鸳鸯蝴蝶派大家之一许啸天。民国十四年(1925年),上海出版许啸天的《清宫十三朝》,书中写乾隆帝原是陈阁老的儿子,被雍正妻子用掉包计换了来,乾隆帝长大后,从乳母嘴里得知隐情,便借南巡之名,去海宁探望亲生父母,但这时陈阁老夫妇早已去世,乾隆帝只得到墓前,用黄幔遮着,行了人子大礼。此书风靡一时,更加广为人知。

近来,乾隆帝为海宁陈家之子的传闻,不断采入小说、影视作品,而影响最大的当属金庸先生的《书剑恩仇录》。金庸(查良镛),浙江海宁人,从小就听到有关乾隆帝的种种传闻,故而他的第一部武侠小说《书剑恩仇录》也就紧紧围绕着乾隆帝身世之谜展开。在金庸的笔下,当时江湖最大帮会——红花会的总舵主于万亭秘密入宫,将乾隆帝生母陈世倌夫人的一封信交给乾隆帝,信中详述当时经过,又说他左股有一块朱记。待于万亭走后,乾隆帝便把当年喂奶的乳母廖氏传来,秘密询问,得悉了自己家世真情:"原本康熙五十年八月十三日,四皇子允禛(按即胤禛)的侧妃钮祜禄氏生了一个女儿,不久听说大臣陈世倌的夫人同日生产,命人将小儿抱进府里观看。那知抱进去的是儿子，抱出来的却是女儿。陈世倌知是四皇子掉了包，大骇之下，一句都不敢泄漏出去。"

金庸先生虽以海宁人写乾隆帝为海宁陈家之后的故事，但他告诉读者们："陈家洛这人物是我的杜撰。"他还声明："历史学家孟森作过考据，认为乾隆帝是海宁陈家后人的传说靠不住。"乾隆帝到海宁，不能证明他是陈家的儿子，因为：

其一，四至海宁为海塘。乾隆帝六度南巡，四至海宁，每次都有驻跸陈家私园——原名隅（yú）园，后经乾隆帝改名的安澜园中。乾隆四至海宁，主要为修海塘。海潮北趋，海宁告警，一旦冲破海塘，浸淹苏、松、杭、嘉、湖等全国最富庶之地，则严重影响政府赋税和漕粮的征收。我去海宁作过考察，海塘工程，雄伟壮观，大功告成，厚惠于民。

乾隆帝为什么每至海宁必驻陈氏私园"隅园"呢？最主要的原因是乾隆帝爱此园景致，且居园中即可闻潮声，而偏僻小县海宁也确实没有比这"三朝宰相家"更体面的地方可以迎驾。

《乾隆南巡图》(局部)

隅园地处海宁城西北角,到陈元龙居住时,规模益备。乾隆帝南巡,陈元龙已死,其子陈邦直又增设池台,作为驻跸之地。隅园有百亩之广,入门水阔云宽,园内有百年古梅、南宋树木。当时著名诗人袁枚咏该园诗有:"百亩池塘十亩花,擎天老树绿槎(chá)枒(yá)。调羹梅也如松古,想见三朝宰相家。"乾隆皇帝在数十首题咏其园的诗中,发出了"似此真佳处"的感慨。乾隆帝初幸隅园后,赐其名为"安澜园",以志此行在使海水安澜。后乾隆帝又在圆明园内建"安澜园",并写《安澜园记》。乾隆帝六次南巡,四至海宁,都驻跸陈氏家园,但每次连"三朝宰相"陈家子孙都未召见,更谈不到"升堂垂询家世",至于说他张黄幔以偷祭死去的父母,更属天方夜谭。

其二,"春晖堂"为康熙书。海宁陈家有清帝御书"春晖堂"匾额。"春晖"用唐孟郊的诗:"慈母手中线,游子身上衣。临行密密缝,意恐迟迟归。谁言寸草心,报得三春晖。"这是"春晖"两字的出典。有学者说:"春晖"喻慈母恩,乾隆帝若不是陈家之子,为何题写这样的匾额?但是,经孟森先生考证:陈家确有"春晖堂"匾,但此匾是康熙帝赐书,而"非高宗所书也"。

其三,胤禛抱子理难通。有人说,胤禛做皇子时,生育不蕃,出于争储的目的,所以不择手段抱来陈家之子冒充自己的儿子。康熙五十年(1711 年)八月十三日乾隆帝降生时,海宁陈氏在北京做高官的陈元龙,由吏部右侍郎改吏部左侍郎,八月又改广西巡抚。胤禛时为雍亲王,他的长子、二子虽早殇,第三子弘时却已 8 岁。且当时胤禛 34 岁,正当壮年,在雍邸格格钮祜禄氏生下弘历(乾隆帝)后三个多月,另一格格耿氏又为雍正生下第五子弘昼,后雍正帝又有过五个儿子。所以说,雍正帝因"生育不蕃"而抱养他人儿子,于情于理,实难说得通。因此,孟森说:"世宗(雍正)亦安知夺位之必胜?又安知陈氏之子必有福?"此说无据,不攻自破。

其四,没有蒋氏"公主楼"。海宁冯柳堂写《乾隆与海宁陈阁老》一文,认为常熟人蒋溥的陈姓夫人为帝女,就是说那个被换走的雍亲王之女,后来由陈家嫁给了蒋溥。蒋溥之父名廷锡,被康熙帝赐进士,授编修,为内阁学士,官户部尚书、兵部尚书,拜文华殿大学士。蒋溥,雍正进士,直南书房,官户部尚书、礼部尚书、吏部尚书、翰林院掌院学士、协办大学士。蒋溥甚得皇上恩宠,蒋溥的陈夫人在常熟所居之楼,当地称"公主楼"。此说也靠不住:一则,常熟人都说不知有"公主楼";蒋氏后人也不知有"公主楼"。二则,冯氏举证蒋溥去世时,乾隆帝曾两次亲往视疾,以此作为蒋溥为帝女的证据。其实,蒋溥久居相位,得了重病,帝往视疾,死后亲奠,是为常例(《清史稿》卷二八九《蒋廷锡传附子溥传》),不能以此证明蒋溥是尚主之婿。冯柳堂所谓证据,不足凭信。

其五,迭出名相非眷顾。有清一代,海宁陈家名相迭出,宠荣极盛,有人以此说明是受到乾隆帝的特别关照。我们不妨追述一下海宁陈家的历史。海宁陈家原出渤海高氏,到始祖高谅时,游学到海宁,不小心落入水中,被一卖豆腐的店主救了上来,这位救命恩人陈明遇,老而无子,便以女妻高谅,高谅生子,遂承外祖姓陈氏,后出了举人。万历朝,陈家出了进士、布政使、顺天巡抚等。顺、康、雍时,陈家"位宰相者三人"。可见,海宁陈家的仕宦隆盛从明万历朝即已开始,清康熙、雍正两朝达到高峰。后来乾隆帝革陈世倌职时说:"自补授大学士以来,无参赞之能,多卑琐之节,纶扉重地,实不称职!"乾隆帝一点面子也不给陈世倌,这哪里像"父子"关系呢!不错,海宁陈家确是科第之奇。陈其元《庸闲斋笔记》记载,自明正德迄晚清,海宁300年间"举、贡、进士二百数十人",其中两榜为兄弟三人同榜。但这是在康熙朝,而不是在乾隆朝,所以不能以此作为乾隆帝出于陈家的根据。

总之,乾隆帝的生母是海宁陈世倌夫人之说属于子虚乌有,孟森先生《海宁陈家》一文已有详细考订。

第四,汉女李氏说。曾做过热河都统幕僚的近代作家、学者冒鹤亭说:乾隆帝生母是热河汉人宫女李佳氏。上海沦陷时作家周黎庵写了《清乾隆帝的出生》(载《古今文史》半月刊1944年5月1日)一文,援引冒鹤亭的说法,披露了乾隆皇帝出生的秘闻,并添加雍正帝喝鹿血等情节,增加了故事性:

　　鹤丈云:乾隆生母李佳氏,盖汉人也。凡清宫人之隶汉籍者,必加"佳"字,其例甚多。雍正在潜邸时,从猎木兰,射得一鹿,即宰而饮其血。鹿血奇热,功能壮阳,而秋狩日子不携妃从,一时躁急不克自持,适行宫有汉宫女,奇丑,遂召而幸之,次日即返京,几忘此一段故事焉。去时为冬初,翌岁重来,则秋中也,腹中一块肉已将堕地矣。康熙偶见此女,颇为震怒,盖以行宫森严,比制大内,种玉何人,必得严究,诘问之下，则四阿哥也。正在大诟下流种子之时，而李女已届坐褥，势不能任其污衮宫殿，乃指一马厩令入。此马厩盖草舍，倾斜不堪，而临御中国六十年，为上皇者又四年之十全功德大皇帝，竟诞生于此焉。鹤丈曾佐热河都统幕，此说盖闻诸当地宫监者。此草厩至清末垂二百年，而每年例需修理一次，修理之费，例得正式报销。历年所费，造一宫殿已有余资，而必须修此倾斜之草厩者，若无重大历史价值，又何至于此？信如此说，弘历之生母孝圣宪皇后之福泽亦不可谓不大。

上述文字大意是说：一，乾隆帝生母李佳氏，盖汉人也。二，雍正有一年随父皇康熙帝到承德打猎，射得一鹿，因饮鹿血而躁急不能自持，身边无从妃，"适行宫有汉宫女，奇丑，遂召而幸之"，不料这露水姻缘却种下了龙种。三，第二年李氏女子临产，康熙帝急召雍正来承德诘问，雍正承认不讳，乾隆帝生后乃成为皇裔。四，冒鹤亭还根据"当地宫监"传闻，确指李女在避暑山庄一处"倾斜不堪"的马厩内生下乾隆帝，日后清廷每年都列专款修理"草房"，正为重视乾隆帝出生场地之故。

台湾学者庄练（苏同炳）《乾隆出生之谜》和高阳《清朝的皇帝》书文中，都认同这一说法，甚至于提出李氏名叫金桂，而《实录》、《玉牒》的钮祜禄氏是经过篡改的。因为李金桂"出身微贱"，而旨令钮祜禄氏收养，于是乾隆之母便成为钮祜禄氏。

《避暑山庄诗意图》
之"曲水荷香图"

庄练先生在《中国历史上最具特色的皇帝》一书中说:"冒鹤亭因为曾在热河都统署中作幕宾之故,得闻热河行宫中所传述之乾隆帝出生祕辛如此,实在大可以发正史之隐讳。"庄练先生提出了三条史料作为热河行宫女子李氏在马厩产下乾隆帝的旁证:

其一,《清圣祖仁皇帝实录》卷二四七有一条记载:"康熙五十年七月,皇四子和硕雍亲王胤禛赴热河请安。"庄练认为:"康熙在这年四月由北京遄往热河行宫,胤禛并未随行,显然无意使之参加秋狩。然而当七月盛暑之时,胤禛却专程由北京遄往热河'请安',若不是有极重大的事情需要请命皇帝,应该没有专程前往'请安'的必要。所以,所谓请安云云,实际上正是官书记载的文饰之词。因为以时间推算,乾隆帝之生母此时正大腹便便,临产在即,康熙帝为了要确定雍正即为蓝田种玉之人,自必须在发现之后召讯胤禛面质此事,否则胤禛何以在此时恰有此请安之举,在时间上如此巧合呢?"庄练认定《清圣祖实录》中的这一条记载,殊可为冒鹤亭的说法提供有力之旁证"。

其二,庄练举出,"乾隆时曾官御史的管世铭"在其《韫山堂诗集》"扈跸秋狩纪事诗"中有:"庆善祥开华渚虹,降生犹忆旧时宫。年年讳日行香去,狮子园边感圣衷。"下面注释云:"狮子园为皇上降生之地,常于宪庙忌日驻临。"庄练认为,此为冒鹤亭说法之证。

其三,庄练最后一条证据是清代官修的《热河志》中专门将"草房"记入狮子园中。他认为:清代官修的《热河志》记载,热河行宫有狮子园,乃是康熙时御赐雍正所居之别馆,园中有一处房屋,名为"草房"。为什么要将这一处不能登大雅之堂的"草房"列入狮子园里房屋记载之内呢?显然,此一草房,正是冒鹤亭所说,当年诞生乾隆帝的"草厩"。

其实,"草房"虽朴陋,却很有来历。乾隆帝在乾隆四十九年(1784年)临幸山庄、重游狮子园时曾赋"草房"诗一首,在"山房昔以草名之,缀景惟期情性怡"下自注云:"园中山房一区,皇考昔以'草房'额之"。由此可见,"草房"的匾额系雍正皇帝御题。

乾隆帝即位后,于乾隆六年(1741年)秋狝时,曾去狮子园一游。此后,便把这座园子赐给了他的弟弟果亲王弘曕。因此,有20余年的光景乾隆帝未去过狮子园,自然,也未再光顾过"草房"。到乾隆三十年(1765年)弘曕故世,乾隆皇帝再到狮子园的时候,发现这里已是"墙里收燕麦,阶前长兔葵",一片萧瑟颓废之状了,想到此处是旧日皇父所兴,又是自己幼时问安读书之处,不可任其荒落无存,于是命奉宸苑重事修葺。翌年秋,包括"草房"在内的狮子园整修一新,乾隆帝曾来游观,并在"草房"小坐,写诗一首,题目就是《草堂》,其最后两句云"小坐旋言去,惟留五字吟"。此后乾隆皇帝每年进驻山庄后十余日,即乘骑前往狮子园游览,每去必往"草房"小憩,并赋诗以志其事,而诗题皆为"草房"二字。乾隆帝一生留下的"草房"诗有数十首之多,对某一处景点题咏如此之多,实所罕见。在这些诗作中乾隆帝反复阐述了这样一个想法:皇父之所以在山岩之上建三间茅屋,并以"草房"额之,不外"缀景"和"示俭"两种意义。后者如:

> 岩屋三间号草房,朴敦俭示训垂长。
>
> 偶来却愧茨茅者,岚霭情斯纳景光。

总之,雍正帝在狮子园留下的三间草房,确实给后人留下悬念。《热河志》把"草房"列入狮子园房屋的记载中,虽说可疑,但无实据。把"草房"附会成当年乾隆帝诞生的"草厩",多为臆想,证据不足。

若说乾隆帝生在避暑山庄,他的生日就成了问题;若说乾隆帝生母由李氏窜改为钮祜禄氏,《玉牒》又岂能伪造?冒鹤亭的说法,并经庄练、高阳考证出的结论——乾隆帝生母并非钮祜禄氏,而是热河行宫宫女李氏——根据似嫌不足,目前难以成立。但他们从乾隆帝生母出身寒微着眼,提出了诸多创见,对深入了解乾隆帝生母疑案可供思考。

那么,官书是怎样记载的呢?

二、官书记载

乾隆帝的生母究竟是谁?首先应当查《玉牒》和《实录》的记载。

其一,《玉牒》记载。《玉牒》就是清朝皇家的家谱。《玉牒》所记,以帝系为统,长幼为序。《玉牒》的纂修有严密的制度。清朝皇家,分为"宗室"和

"觉罗"两支。"宗室"即清太祖努尔哈赤的父亲塔克世的直系子孙,俗称"黄带子";"觉罗"即塔克世的伯叔兄弟旁系子孙,俗称"红带子"。无论宗室还是觉罗,一旦生有子女,三月报掌管皇族事务的宗人府一次,要写明其子女出生的年月日时,生母是嫡是庶,姓氏为何,宗室入黄册,觉罗入红册。如迟误不报,或报不以实者,要治罪。每过十年,经宗人府题请,由宗令、宗正,及满汉大学士、礼部尚书、侍郎、内阁学士等充当正副总裁官,把黄册、红册所载的子女资料汇入《玉牒》。如有歧义,要由皇帝作裁断。《玉牒》修成,经皇帝审阅后,缮写两部,分别收藏于京师皇史宬和盛京故宫,其底本仍装帧成帙,由宗人府保存备案。现在可以查到,在中国第一历史档案馆保存的《玉牒》和生卒记录底稿上,都清楚地写着:

> 世宗宪皇帝(雍正)第四子高宗纯皇帝(乾隆),康熙五十年辛卯八月十三日,孝圣宪皇后钮祜禄氏,凌柱之女,诞生于雍和宫。

就是说,乾隆皇帝的生母是钮祜禄氏,外祖父是凌柱。

其二,《清世宗宪皇帝实录》记载。《清实录》是清朝皇帝一生事功言行、军国大事的记录,按年月日为序,由下一代皇帝主持纂修。《清世宗宪皇帝实录》记载:

> 奉皇太后圣母懿旨:侧妃年氏,封为贵妃;侧妃李氏,封为齐妃;格格钮祜鲁氏,封为熹妃;格格宋氏,封为懋嫔;格格耿氏,封为裕嫔。(《清世宗宪皇帝实录》卷四,元年二月甲子十四日)

就是说,雍正帝继承皇位以后,乾隆帝的生母钮祜鲁氏(即钮祜禄氏),从品级较低的格格被封为熹妃。

其三,《清史稿·后妃传》记载。《清史稿》是民国初年设立清史馆纂修的纪传体的清朝史书。《清史稿·后妃传》记载:

> 孝圣宪皇后,钮祜鲁氏,四品典仪凌柱女。后年十三,事世宗潜邸,

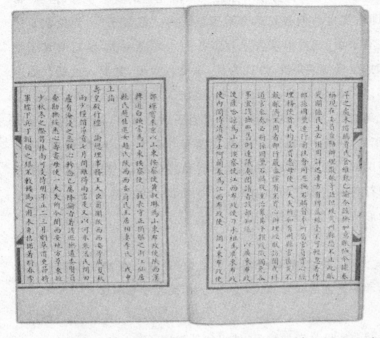

《清实录》写本

号格格。康熙五十年八月庚午（十三），高宗生。雍正中，封熹妃，进封熹贵妃。

从以上《玉牒》、《清世宗宪皇帝实录》和《清史稿·后妃传》的记载来看，乾隆皇帝的生母应当是钮祜禄氏，不存在什么问题。但是，历史疑案，依然存在。

三、疑案难解

上面讲了三条官方历史记载，但是档案、文献的记载，与官方文献记载有差异，这就出现乾隆帝生母的历史疑案。

其一，清宫档案记载。《雍正朝汉文谕旨汇编》里收录的当时档案的记载，却不相同：

雍正元年二月十四日奉上谕：遵太后圣母谕旨：侧福金年氏封为贵

妃，侧福金李氏封为齐妃，格格钱氏封为熹妃，格格宋氏封为裕嫔，格格耿氏封为懋嫔。该部知道。（《雍正朝汉文谕旨汇编》雍正元年二月十四日）

这正是："夜半桥头无孺子，人间犹有未烧书。"雍正帝、乾隆帝、嘉庆帝万万没有想到还有一份宫廷档案留存在人世，尘封在内阁大库的档案里。

上述重要档案，中国人民大学清史研究所郭成康教授写成《乾隆皇帝生母及诞生地考》（载《清史研究》2003 年第 4 期），对它进行研究。

在这份重要档案里，雍正元年（1723 年）二月十四日被封为熹妃的，不是格格钮祜禄氏，而是格格钱氏。

其二，《永宪录》记载熹妃姓钱。萧奭（shì）于乾隆十七年（1752 年）写了一部《永宪录》，其中卷二雍正元年十二月丁卯（二十二日）记述：

> 雍正元年十二月丁卯，午刻，上御太和殿。遣使册立中宫那拉氏为皇后。诏告天下，恩赦有差。封年氏为贵妃，李氏为齐妃，钱氏为熹妃，宋氏为裕嫔，耿氏为懋嫔。

萧奭在这本书中还提出："齐妃或云即今之崇庆皇太后。俟（sì）考。"

上述记载，也是说被封为熹妃的是钱氏，而不是钮祜禄氏。但是又说齐妃李氏或云是乾隆帝的生母。

萧奭写《永宪录》，必有所据，或为廷寄，或为档案，亦或其他，就是说在当

雍正元年二月十四日，格格钱氏被封为熹妃的上谕

时就有人对乾隆帝的亲生母亲是谁提出了怀疑。

从以上五份资料看,乾隆帝的生母出现了三种记载:

第一,钮祜禄氏,原任四品典仪官、加封一等承恩公凌柱之女。

第二,熹妃钱氏。

第三,齐妃李氏。

这就是当时清朝官方文献档案的不同记载。连官方的记载都不一样,难怪人们对乾隆帝的生母是谁产生了疑惑。这种历史文献与档案记载的差异,可以作如下解释:

第一,熹妃只能有一人。按清宫的规制,册封皇妃有严格的规定,皇妃的封号只能有一个,不能有重名。所以"熹妃"在清朝只能有一人。因此,格格钱氏与格格钮祜禄氏应当是同一个人。

第二,清宫谕旨档案是当时的第一手资料,《清世宗宪皇帝实录》是乾隆帝继位以后修的,《清高宗纯皇帝实录》则是乾隆帝的儿子嘉庆帝修的,都是后来修的,可能对原始资料作篡改,也都不能算是第一手资料。而《玉牒》按十年一修的制度,应当在弘历(乾隆帝)十岁或十岁以前修,但不排除篡改的可能。

第三,雍正元年(1723年)八月十七日,正式设立秘密立储制,指定弘历为皇太子。他的母亲的来历、出身,总要有个明确的说法。而钱氏出身低微,她从生下弘历(乾隆帝)到册封为熹妃,中间12年都是"格格"。其地位远在嫡福晋、侧福晋之下。弘历(乾隆帝)既然被秘密立储,将来就是大清的皇帝,而皇帝的母亲怎么能是汉姓呢?她的出身怎么能不高贵呢?《清世宗宪皇帝实录》是乾隆时修的,这时乾隆帝已经继位做了皇帝,这就很有可能将熹妃姓钱氏篡改为姓钮祜禄氏。可能有内大臣"满洲镶黄旗人四品典仪凌柱"将钱氏认作干女儿,这样就解决了身份与姓氏的难题。

现在看来,所谓乾隆帝是宫女、丑女生在避暑山庄草棚里的传说,以及是陈阁老儿子的传说,都是街谈巷语,八卦流言,完全站不住脚。关于乾隆帝的身世,不管后人如何猜疑,提出这样那样的说法,作为传说和野史,写进小说,拍成电影,编成电视剧,都具传奇性,也有故事性。但在没有其他确凿证据之前,我们只能以《实录》和《玉牒》的记载作为依据。不过,雍正档案与雍正实录中,熹妃是姓钱氏还是姓钮祜禄氏？钱氏和钮祜禄氏是同一人还是两个人？"齐妃或云即今之崇庆皇太后"怎样解释？至今仍是一个历史的疑案。

总之，乾隆帝的生母是谁？现在仍是一桩历史疑案。

相关推荐书目

（1）孟　森：《海宁陈家》，《明清史论著集刊》，中华书局，2006 年

（2）周远廉：《乾隆皇帝大传》，河南人民出版社，1990 年

（3）《雍正朝汉文谕旨汇编》，广西师范大学出版社，1999 年

（4）陈捷先：《乾隆写真》，远流出版事业股份有限公司，2002 年

（5）白新良：《乾隆皇帝传》，百花文艺出版社，2004 年

（6）郭成康：《乾隆正传》，中央编译出版社，2006 年

（7）阎崇年：《正说清朝十二帝》（增订图文本），中华书局，2006 年

嘉庆帝朝服像

第九讲

嘉庆两遭凶险

嘉庆皇帝,名颙琰,属龙,乾隆帝第十五子,37岁登极,在位25年,享年61岁。庙号仁宗,谥号睿皇帝。

嘉庆皇帝的一生,既有幸,也不幸。

说他有幸,是因为他在乾隆皇帝17个儿子中居然能脱颖而出,最终登上皇帝的宝座。他的祖父雍亲王的谋臣曾说过一句名言:"处英明之父子也,不露其长,恐其见弃,过露其长,恐其见疑,此其所以为难。"嘉庆帝的父亲乾隆皇帝可以说是英明、聪明、高明的君主,作为这样君主的儿子是很难的。显山露水,恐其见疑;沉默寡言,恐其见弃。颙琰能得到父皇的认可,继承皇位,可以说是他的大幸。

说他不幸,主要有三:

其一,继位不顺。颙琰继承皇位,过程曲折复杂。乾隆帝起初要立嫡立长,嫡后富察氏所生的两个儿子——二阿哥永琏与七阿哥永琮(cóng)为属意人选,但这两位皇子福小命薄,都在未成年时夭折。其他如大阿哥永璜,已病死;三阿哥永璋,因皇后富察氏死后无"哀慕之情"而遭申斥,后死去;四阿哥永珹,虽善诗文,但好酒、足残,被过继出去;五阿哥永琪,已死;六阿哥永瑢,曾领修《四库全书》,任总管内务府大臣,但被过继出去;八阿哥永璇,因贪酒色,又糊涂,如办《圣训》误刻庙讳,受处罚;九阿哥和十阿哥未命名,早殇;十一阿哥永琸才华出众，书法极精（书裕陵碑文），但与十二阿哥永璂是废后那拉氏（以剪发忤旨）所生，失去当继承人的资格；十三阿哥永璟，3岁殇；十四阿哥永璐与颙琰同母，也4岁殇；而比嘉庆年少的十六弟，未命名，即早殇；十七弟永璘"喜音乐、好游嬉"，秘密立储时才7岁，年龄过小，也不得立储。直到乾隆三十八年（1773年），乾隆皇帝63岁时，才密立颙琰为储君——他"沉默持重"，喜怒不形于色，自幼喜读书，"日居书屋，惟究心治法源流，古今得失，寒暑无间"，虽平庸守成，却忠厚可信，因此被乾隆帝指定为皇位继承人。

其二，生不逢时。颙琰刚一登上皇帝宝座，中原就发生白莲教烽火。纵横川、楚、陕、豫、甘五省，历时九年，耗银二万万两（相当于户部五年财政收入），虽最终平息，却大伤元气。

其三，两遇凶险。下面就详细介绍一下嘉庆帝在位期间遇到的这两次突发事件。

一、大内遇刺

嘉庆八年（1803年），嘉庆帝在皇宫内遭遇民人陈德犯驾行刺的突发事件。这在明清500年紫禁城宫廷史上，空前绝后。

事情经过是这样的：嘉庆八年（1803年）闰二月二十二日，为嘉庆帝颙琰到先农坛亲耕耤（jí）田日。所谓亲耕耤田，就是为表示皇帝重视农耕而举行的一种仪式。嘉庆帝于本月二十日自圆明园回宫斋戒。这一天，陈德带着年仅15岁的长子陈禄儿，进入东华门，绕到神武门，潜伏在顺贞门外西厢房山墙后，等待嘉庆帝銮舆的到来。嘉庆帝一行，从圆明园回皇宫，乘舆进入神武门后，刚要进顺贞门时，陈德由西大房后面跑出，手持小刀，冲向乘舆。这突如其来的袭击，吓得守卫神武门、顺贞门之间的侍卫百余人，神情惶愕，呆若木鸡，竟然没有人上前拦阻、抓捕。紧急之时，只有定亲王、御前大臣绵恩（颙琰之侄）首先奋力推却；继是固伦额驸、乾清门侍卫、喀尔喀亲王拉旺多尔济（颙琰的七姐夫），乾清门侍卫、喀喇沁公丹巴多尔济，御前侍卫扎克塔尔等六人尚属镇定，机智勇敢，冲前捉拿。嘉庆帝的乘舆，迅速进入顺贞门内。经过一番搏斗，绵恩的衣服被刺破，丹巴多尔济身上被刺伤三处。陈

神武门（1900年）

德奋力搏斗，但寡不敌众，被捉拿。陈德长子禄儿，则乘乱溜走回家，后来被捕。嘉庆帝本人虽然没有受伤，但在大内被人行刺，受到惊吓。这一事件对宫廷来说，如同一场政治地震，惊动朝野，人心惶惶。

陈德是何许人？陈德，47岁，北京人，父陈良、母曹氏，曾典与镶黄旗、山东青州府海防同知松年家做奴仆。他本人从小随父亲在山东一带为奴。松年故去后，陈德从14岁开始，跟随父母在青州、济南等地给人服役，或做佣工，辛劳度日，勉强糊口，多次失业，几易雇主。陈德22岁娶妻，29岁丧母，30岁丧父。他在父母双亡后，携岳母、妻子到北京，投靠到堂姐夫、内务府正白旗护军姜六格家。陈德先后在侍卫、宗室僧额布家，内务府造办处于姓家佣役。他的大儿子禄儿15岁，给崔家当雇工，小儿子对儿13岁无事。他后跟内务府一个管奴仆的镶黄旗包衣常索，在内务府当杂役，出入宫中。陈德在内务府服役时，帮办配送诚（xián）妃刘佳氏的碗盏等器物。这位刘佳氏是一位资深的妃子，早在颙琰做皇子时，就在潜邸服侍。颙琰做了皇帝，她被册立为诚妃，后来被进封为诚贵妃。在嘉庆朝，除两位皇后外，册封为皇贵妃的，只有刘佳氏一人。陈德因给诚贵妃跑腿，而得以进出紫禁城、圆明园，了解一些宫内情况。后他同妻子一起，被典与孟明家当厨役。嘉庆八年（1803年）二月，陈德的妻子张氏病故，他又被孟家解雇，断了生活出路，在一个看街的老友家暂时借住。陈德贫穷苦闷，"时常喝酒，在院歌唱哭笑"。他生活在社会底层，做为奴仆，跟官服役，饱尝人间辛酸，受尽权贵欺凌。陈德看到贵族的豪奢生活和皇室的穷奢极欲，体察到人间不平，激发起反抗情绪。陈德于"实在穷苦难过，要寻死路"之时，求签说有"朝廷福份"。嘉庆八年（1803年）闰二月十六日，陈德在街上看到黄土垫道，听说嘉庆帝将于二十日进宫，心想："犯了惊驾之罪，必将我乱刀剁死，图个痛快，也死个明白。"由是，便发生上述行刺事件。

陈德"犯驾"动机何在？背后指使者是谁？嘉庆帝命对陈德严加审讯。嘉庆帝先命军机大臣等，会同刑部尚书，对陈德进行初审。但是，陈德"所供情节，出乎意料"，就是拒不招供其背后的指使者。嘉庆帝又加派满、汉大学士和六部尚书等对陈德进行会审。在审讯过程中，对陈德施尽酷刑，逼供、诱供，诸如"彻夜熬审"、"拧耳跪炼"，以至"掌嘴板责"、"刑夹押棍"等。陈德虽"备受诸刑"，却是"仍如前供"，且始终如一，"矢口不移"。经过几个昼夜的严刑审讯，陈德没有吐露其指使者及同谋者。无奈之下，嘉庆帝命九卿科道等对陈德再进行会审。

陈德招供：我就是因生活无路，一家老少，没有依靠，实在情急，要求死路。我又想，自寻短见，无人知道，岂不是死。听说皇上今日进宫，我就同禄儿进东华门，从西夹道走到神武门，混在人群里，看见皇上到了，我持小刀，往前一跑。原想我犯了惊驾的罪，当下必定乱刀剁死，图个痛快，也死个明白，实在没有别的缘故，也没有别人主使。所说是实。

最后定陈德"罪大恶极"，先受诸刑，再行磔死。于二十四日，先将陈德的长子禄儿（15岁）、次子对儿（13岁）绞死，又将陈德凌迟处死。有学者认为陈德是林清党人，但根据不足。陈德事件可能属于个案，却是社会矛盾的一个缩影。

嘉庆帝对陈德事件做了善后处理。

第一，奖励有功官员。赏定亲王绵恩、额驸拉旺多尔济御用补褂，封绵恩子奕绍为贝子，拉旺多尔济为贝勒、在御前行走，御前侍卫扎克塔尔世袭三等男，珠尔杭阿、桑吉斯塔尔均世袭骑都尉。这种奖励，对救驾之功来说，实属太薄。

第二,惩罚失职官员。革去阿哈保、苏冲阿护军统领、副都统职务,其余护军章京等,罚降有差。

第三,扩大防御范围。除紫禁城外,驻跸圆明园、临幸西苑、巡幸热河、行围木兰等各处行在,其防卫同宫城无异。

第四,修改宫禁制度。由御前大臣、军机大臣、领侍卫内大臣等奏定章程29条。

采取了以上几项措施后,宫禁略有改进。

有人问:宫廷警卫不是很严吗?陈德怎么会混进紫禁城呢?下面我简单介绍一下清宫禁卫制度。

二、宫禁制度

清朝的防卫,分京师八旗与驻防八旗。京师八旗主要负责京畿地区,驻防八旗主要分驻要地(如杭州、福州、成都、西安等)。京师禁卫之要,重在宫廷禁卫。清朝宫廷禁卫,制度非常严密。禁卫兵分为两种:郎卫和兵卫。郎卫是由领侍卫内大臣六人(镶黄、正黄、正白旗各二人)、内大臣六人等组成。郎卫亲军选自上三旗(镶黄、正黄、正白)中才武出众的子弟,其优秀者提拔为御前侍卫、乾清门侍卫等,统属于领侍卫内大臣。领侍卫内大臣为正一品,内大臣为从一品。郎卫负责御前侍卫,包括乾清宫、殿廷、扈从等护卫。这是内班。宿卫太和门等外廷警卫称为外班。兵卫由护军等组成,守卫京城内九门、外七门,以及皇帝驻跸等外围保卫。包括巡捕营、护军营、步军营、健锐营、内火器营、外火器营、神机营、前锋营、骁骑营等。咸丰时达到15万人。禁卫严密,环拱宿卫,分班轮值,各负其责。

以下对宫门禁卫略作介绍,包括启闭、锁钥、传筹、门守、门禁、腰牌、合符等具体制度。

启闭:凡皇帝出入,各门开中门。宫门每天日没后关门,由景运门直宿司钥长及有关官员分头负责,以次查验各门的闩锁。然后由各门护军校将钥匙汇交于景运门司钥长,司钥长验收后贮于小箱内,并加锁。次晨天明,各门开启。

锁钥：禁城门的出入，每门设司钥长（管锁门、开门）、阅门籍护军（出入先报名册，进行查阅）。紫禁城外周围，则以下五旗护军，分定界址，轮番直宿。总属于景运门值班统领稽察。

传筹：护军以一筹进行传递，作为检查值班的标志，如某处无人侍值或睡熟，则此筹件不能下传。紫禁城内，五筹递传。每晚自景运门发筹，西行过乾清门，出隆宗门，向北过启祥门，再向西过凝华门，北拐过中正殿后门，至西北隅，再向东过西北门、顺贞门、吉祥门，至东北隅，向南过苍震门，至东南隅，向西还至景运门，共经12处，为1周。紫禁城外，八筹递传。每晚自阙左门发筹，西行过午门，出阙右门，循城而西、而北，经西华门，再向北至西北隅，向东过神武门，再东至东北隅，向南至东华门，再南循墙而西，仍回至阙左门，为1周。驻跸行营内外，传筹大致如此。

门守：紫禁城各门及宫内主要之门，每门及值房，各设弓箭、撒袋、长枪守门，值房官兵，并佩腰刀。另以护军二人，手执红棒坐守。亲王以下出入均不起立，有擅入者，以红棒打之。凡官员上朝，舆、骑至下马碑则止。惟贝

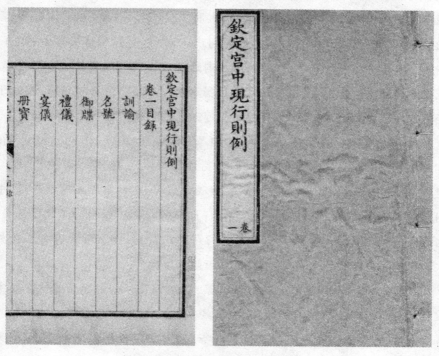

《钦定宫中现行则例》（嘉庆武英殿刻本）

宫中的大锁

子以上可乘马入。入东华门者至箭亭旁下马，入西华门者至内务府前下马。另有特旨许紫禁城内骑马者，如年老者、特许者也可乘马入，但必须至箭亭或内务府前下马。

门禁：王公、百官、执事人员等，不得擅自出入紫禁城门。获准按规定的门出入者，由值班官军询明后放进。如有无故混入或随便带人进入者，分别议处。各衙门大臣官吏，规定均于午门的左门出入，宗室王公等由午门的右门出入。进入内廷者，领侍卫内大臣、散秩大臣、侍卫、侍卫处之主事及笔帖式、军机章京、内阁、六部、提督衙门、理藩院、上驷院、武备院、奉宸苑、銮仪卫等人员由景运门或隆宗门出入。宗人府王公司员、八旗、都察院科道、翰詹、各部院衙门值日引见官员，由后左门出入，内务府各库官员等由后右门出入。其内大臣、侍卫、内务府等官，及内廷有执事官与内府各执事工役等，凡批准由某禁门行走者，均将姓名及所属旗籍，分佐领、内管领造册，咨送于经由之门。官物出入禁门，须交验单放行。

腰牌：腰牌为火烙印木制的木牌，因系在腰上而得名。相当于现代挂在脖子上的胸牌。凡内阁、内务府及内廷行走各处供事的书吏、苏拉（杂役）、皂隶（各衙门差役）、茶役、厨役、匠役、演戏人员等，需经常出入宫廷者，皆由内务府发给腰牌，上面写有年代、所属衙门、姓名、年龄、相貌特征及编号等，为出入符验（凭证）。护军识字者专验门籍，稽查出入。不带腰牌者不准放入。腰牌每三年更换一次，差事有变动者随时更换。

合符：合符为铜镀金质，铸阴、阳文篆书"圣旨"二字，背面为龙纹。凡中夜有旨，须出禁城门者，须持阳文合符，经查验与阴文合符，符合无误后，才开门放行。景运门、隆宗门、东华门、西华门、神武门各存阴文合符，以阳文合符，存大内。如夜间奉旨差遣或有紧急军务，须开门时，由大内持出阳文合符,护军参领以阴文合符照验,相符即开门,并报值班统领。其苍震门、启祥门等,遇阳文合符时,护军参领即报统领,亲携阴文合符,与阳文合符后,方可开门,次日奏报。

合符

应当说皇宫门禁很严,但陈德还是混进紫禁城里。原因很简单,不是制度不严密,而是执行有疏漏。嘉庆帝针对宫廷禁卫的疏漏,采取了一些措施。但这种头痛医头、脚痛医脚的办法,只能治标,不能治本。

"冰冻三尺,非一日之寒"。陈德行刺嘉庆帝事件虽属个案,但蕴涵着嘉庆朝的严重社会危机。如果说陈德行刺嘉庆帝属个人反抗行为的话,那么天理教众攻入宫城,则属有预谋、有组织、有策划、有兵器的社会性暴力行为。

三、皇宫惊变

嘉庆帝处理完陈德突发事件十年后,又发生天理教众攻入紫禁城的更为严重的皇宫惊变。

先是,嘉庆十八年(1813年),嘉庆帝秋狝木兰,原定进哨以后,行十三围,但因持续阴雨,"溪水骤溢,沙渍泥淖,人马皆不得前",仅行五围,便于九月初一日,下令减围出哨,自避暑山庄返回北京。嘉庆帝令皇二子旻宁等先行回京,他随后回銮。嘉庆帝在归途中,接到奏报:天理教在滑县滋事:"滑县已失,县官被戕。"为此,嘉庆帝在当天连发数谕,调兵遣将,进行堵剿。各方大员在接旨后，加意防范堵截。嘉庆十八年（1813年）九月十五日，嘉庆帝正驻跸在丫髻山行宫。这一天，紫禁城内发生震撼宫廷的大事变。

这起皇宫惊变是怎样发生的呢？它的根源是天理教的传播与流行。事变经过要先从天理教说起。

天理教属于白莲教支派，是京畿大兴县人林清和河南滑县人李文成等，将分散在京畿的红阳教、白阳教、坎卦教等，同直、鲁、豫就是今河北、山东、河南三省交界地区，以震、离二卦为核心的八卦教，联合组成的一个民间秘密宗教组织。天理教的教民多是贫苦农民和手工业者，也有少量的中农和下层官吏。天理教的教众很多，仅北京黄村一带，就有一万余家。在天理教起事之前，其首脑林清、李文成等编造"单等北水归汉帝，大地乾坤只一传"和"若要红花开，须要严霜来"等谶（chèn）语，制造舆论，蛊惑群众。谶语是巫师迷信的说法，为将来会应

林清像

验的隐语。林清又称刘林，前一句谶语的意思是：汉帝姓刘，暗示"北水归汉"、"乾坤传刘"，就是姓刘的要坐天下；"严霜"为李文成的暗号，后一句谶语的意思是：暗示李文成来，红花便开。他们扬言：星象示变，要动干戈，为起事造"天意"依据。

嘉庆十七年（1812年）正月，各地天理教首脑聚会于河南滑县道口镇，决定"应在酉之年，戌之月，寅之日，午之时起事"，就是嘉庆十八年（1813年）九

月十五日午时起事。会后,李文成到北京会见林清。林清是北京大兴县宋家庄人。他们约定:李文成先在滑县举事,河南、山东、直隶同时揭竿而起,共同进逼京畿;林清则在京师城内响应,与李文成的教众里应外合,夺取京城。

嘉庆十八年(1813年)八月底九月初,滑县天理教徒在大伾(pī)山中打造器械,被知县强克捷侦知,将李文成等逮捕入狱。为营救李文成,天理教众提前于九月初七日起事。这一天,天理教众5000多人,头缠白布,身着白衣,攻占滑县城,杀死县令强克捷,救出教首李文成。李文成在滑县衙署内设羽帐,竖大旗,上书"大明天顺李真主"。他们攻下附近军事据点道口镇等,因清军堵截拦阻,队伍未能迅速北上。而林清在北京大兴,对李文成提前举事的消息一无所知,仍按原计划,进攻紫禁城。

时满洲正黄旗汉军曹福昌已投靠林清,他透露嘉庆帝将于十七日返抵白涧行宫,到时留京大臣出城迎驾;是日乘虚而发,成功把握较大。但林清认为九月十五日的举事日期为"天定",不宜更改。于是决定:如期举事,攻打皇宫。最初打算派出数百人,但内应太监认为"禁中不广,难容多人",并恃天理教众有"神术",可以获胜。林清倚恃内应太监熟悉宫禁,决定派200人,分作东西两队,太监王得禄、阎进喜则居中应援。他们约定以"白帕"为标志,在十四日,化装成小商贩等,各备兵器混杂于酒肆、行商中,分别在菜市口、珠市口、鲜鱼口等处会齐,待十五日午时,即向皇宫发动进攻。林清则坐镇大兴黄村指挥。

十五日,早晨,林清派出天理教众,约定分头行进,由宣武门潜入,然后200多名天理教众,分成东、西两队,乔装改扮,潜伏在东华门、西华门外。午时一到,由宫内太监接应,开始攻夺皇宫大门——东华门与西华门。

东华门一路。攻打东华门的一支,由陈爽带领,刘呈祥押后,太监刘得财、刘金为向导内应。他们快要攻进东华门时,有卖煤的人争道,有人暴露了兵器,被守门官兵察觉,门卫关闭了城门。结果仅有陈爽等少数人闯入东华门内,其余都逃逸。署护军统领杨述率领护军,御天理教众于协和门下,杀死数人,有的教民则冲到内廷的侧门苍震门。

西华门一路。攻打西华门的一支,陈文魁居首,刘永泰押后,太监张太、

东华门

杨进忠、高广福为向导内应。太监王福禄、阎进喜在内接应。他们率领50余人，全队进入西华门。尔后，他们反关西华门，以防清护军进来。陈文魁等天理教众，边进边战，杀死守卫数人，由尚衣监、文颖馆，冲进到隆宗门外。由于时间耽搁，护军得到警报，关闭了隆宗门。双方激战在隆宗门外。天理教众由隆宗门外小房，登上高墙，窥视大内。这时，有几名天理教众，由廊房越墙，冲向养心殿。正在上书房读书的诸皇子闻变，皇次子旻宁（即后来的道光帝）"急命进撒袋、鸟铳、腰刀，饬太监登垣以望"。有的教民手举白旗，攀墙登殿，近养心门。旻宁立于养心殿下，"发鸟铳殪（yì）之，再发再殪"，以鸟枪击毙墙上二人。皇三子绵恺，紧随皇兄旻宁之后，冲到苍震门，也发枪射击。留京的礼亲王昭梿、仪亲王永璇、成亲王永瑆等，闻警后"急率禁兵，自神武门入卫"。时诸王公大臣已从神武门急入，聚集在紫禁城西北角的城隍庙前。随后火器营的1000多人也调入紫禁城。正当天理教众准备放火焚烧隆宗门时，火器营官兵赶来阻击天理教众。

天理教众以几十个人的短小兵器，去对付强大的护军，又有诸王大臣督战，自然必败无疑。最后教众退到武英殿前，寡难敌众，或遭擒或被杀，无一幸免。后经过一番搜索,内应太监七人也全被擒获。

在紫禁城里潜藏的天理教众,熬过一夜。第二天清晨,又下了一场雷阵雨。天理教徒,饥无可食,渴无可饮,夜不可歇,神不得宁。他们熬过两昼夜,直到十七日,才被搜查出最后的十几人,但没有一个主动投降的。

此时的紫禁城内,一片混乱,甚至镇国公永玉、护军统领石龄等,竟要准备车辆逃跑。翰林院编修陶凫卿遇袭,仆人骆升以身遮挡,骆升被砍几刀,陶凫卿才保住了性命。他后藏于柜中,到十八日才被发现。

十七日晨,清廷派番役到南苑黄村西宋家庄林清家中,佯称:城中事已有成,奉相公命,延请入朝。林清信以为真,继而被诱捕。朝廷又派人逮捕了林清家属和太监刘得财、刘金等。至此,天理教众进攻皇宫的行动失败。嘉庆十八年(1813年)是癸酉年,这一事件又称为"癸酉之变"。

此时的嘉庆帝呢?他在丫髻山行宫,于十六日获得皇宫惊变的急报,派吏部尚书英和,先行回京处理善后事宜。嘉庆帝随后返京。

十八日,嘉庆帝命大臣起草《罪己诏》。十九日,当他路经京东燕郊时,传闻"有贼三千,直犯御营",扈从大臣、兵丁都吓得面如土色。嘉庆帝此时强作镇静,说:"不必惊惧。俟贼果至,汝等效力御之,朕立马观之可也!"事后证明,这是谣传,一场虚惊。他当天回到北京,诸王大臣等迎驾于朝阳门内。嘉庆帝非常感慨,众大臣也都呜咽痛哭。

二十三日,嘉庆帝在西苑(今中南海)丰泽园,亲自审讯林清和太监刘得财、刘金等人。廷讯开始,命先将刘得财、刘金二人带来,斥问为何"萌此逆谋",将二人夹打后处决。接着提审林清。林清在重刑之下,承认此次进攻紫禁城之目的,就是要把皇帝赶回关东。嘉庆帝恼羞成怒,命将林清凌迟处死,并将其首级送到直、鲁、豫地区示众。此后,嘉庆帝派兵火烧起义据点大兴县宋家庄,林清的姐姐、妻子,按律缘坐,均被处决。嘉庆帝再三严令对其他被捕者,严加审讯。在审讯中,施用了各种酷刑。最后,嘉庆帝命将被捕者及其家属共300多人,或处死,或流放,或为奴。他们的房屋、土地、财产被抄没,分赏给八旗官兵。后又在太监中进行了严格地清理,对相关太监或发往黑龙江给官员为奴,或拨给亲王、郡王名下管束使用。

这次事件使清朝皇帝第一次认识到自入关170年来,大清的江山社稷发

生了危机。嘉庆帝回宫后颁布《罪己诏》，声言要把与事者斩尽杀绝。

嘉庆帝派陕甘总督那彦成为钦差大臣，率兵前往滑县等地追剿；又采取了分化瓦解政策——下令对起义地区蠲免钱粮，赈济灾民，区别首从，教徒不究。在"剿抚兼施"的政策下，直、鲁两地天理教军主力，仅两个月，基本瓦解。

嘉庆帝遭遇紫禁城两变后，为吸取教训，防患于未然，决定加强京师特别是紫禁城的防卫措施：严密保甲法；搜缴了1000本"奸盗邪淫"书籍，披阅后于殿廷烧毁；对太监严加管束，禁止随便出入紫禁城；不准八旗宗室、旗人居住城外；在京师城内及紫禁城、圆明园增设哨卡，添置、整修防御工事和设备；增加驻防军队；严格紫禁城内值班王大臣的交接班制度，等等。

九月十七日，嘉庆帝自白涧回跸燕郊，特颁《遇变罪己诏》。其大意说：

因循疲玩論
癸酉之變因循
疲玩釀成也詔
勅諭說幾及百
篇硃批奏摺更
不能數計也大
旨願內外臣工
痛改此四字不
存於中銳意任
事出處語嘿動
作形容勇決敢
為毫無遲滯漸

進於治矣果能
正直辦公任勞
任怨以實心行
實政國爾忘家
公爾忘私懷保
良民懲處邪僻
天下未有不治
者也柰畏首畏
尾患得患失私
念盛而良心蔽
重功名而輕朝
廷憚弛存心悠

平定天理教起义后，嘉庆皇帝所书寄语《圣谟定保》（局部）

猝于九月十五日，变生肘腋，祸起萧墙，天理教逆匪，犯禁门、入大内。大内平定，实皇次子之力也。我大清国一百七十年以来，定鼎燕京，列祖列宗，深仁厚泽。朕虽未能仰绍爱民之实政，亦无害民之虐事。突遭此变，实不可解。总缘德凉愆积，唯自责耳！然变起一时，祸积有日。当今大弊，在因、循、怠、玩四字，实中外之所同。朕虽再三告诫，舌敝唇焦，奈诸臣未能领会，悠忽为政，以致酿成汉、唐、宋、明未有之事，较之明季梃击一案，何啻倍蓰(xǐ)！思及此，实不忍再言矣。予唯返躬修省，改过正心，上答天慈，下释民怨。诸臣若愿为大清国之忠良，则当赤心为国，匡朕之咎，移民之俗；若自甘卑鄙，则当挂冠致仕，了此一身，切勿尸禄保位，益增朕罪。笔随泪洒，通谕知之。(《清仁宗睿皇帝实录》卷二七四)

对嘉庆帝的《罪己诏》，可作几点分析：

第一，态度尚好。 嘉庆帝这个人，遇到大的事变，总是反省自己。不像有的人，文过而饰非，功劳归己，过错责人。甚至不惜伪造文件，表明圣上一贯正确。他说，遭此突变，总缘"德凉愆积，唯自责耳"。又说："予唯返躬修省，改过正心，上答天慈，下释民怨。"这话不管是做样子也好，真心实意也好，总算表了个态，做了自我批评。

第二，表彰功者。 事变后次日，封皇二子旻宁为智亲王。他说："旻宁系内廷皇子，在上书房读书，一闻有警，自用枪击毙二贼，余贼始纷纷潜匿不敢上墙，实属有胆有识。朕垂泪览之，可嘉之至，笔不能宣。宫廷内地，奉有祖考神御，皇后亦在宫中。旻宁身先捍御，护保安全，实属忠孝兼备，著加恩封为智亲王。"(《清仁宗睿皇帝实录》卷二七四)

第三，批评臣工。 他说："当今大弊，在因、循、怠、玩四字"。这四个字——因上、循旧、怠惰、玩职，道出当时官场的普遍现象。解决的办法，要么"赤心报国"，要么"挂冠致仕"，而不要尸位素餐，误国误民。

第四，笔随泪下。 天理教众，手无寸铁，200 余人，攻入禁城。他说：这是大清国 170 年以来，也是汉、唐、宋、明以来所未有之事。并为此而"笔随泪洒"，真是动了心！但是，作为一个政治家，在重大事变面前，哭天抹泪，不算英雄。要在有气魄、有格局、有毅力、有办法，勇于克服积弊，敢于进行改革。

可惜，"平庸守成"四个字，决定嘉庆帝做不出惊天动地的事业。

第五，心有余悸。嘉庆帝遭遇天理教徒之变时 54 岁。这年，他连生日也没有心思过了。他说："十月初六日，为朕寿辰，国家典礼，自初三日，至初九日，俱穿蟒袍补褂，正日御正大光明殿受贺，此定例也。今岁突遇此祸，若仍照常年典礼而行，朕实无颜受贺，况军书交驰，邪氛未靖，尚有何心宴乐乎！……向年俱进如意，即日回赏，原上下联情之意耳！今遇大不如意之事，岂可复行呈进。朕不见此物，转觉心安；见物思名，益增烦闷矣！"（《清仁宗睿皇帝实录》卷二七五）

第六，见微知著。嘉庆帝直至他临终的前一年（嘉庆二十四年），还在大臣的奏折中朱批道："有天良之大臣，永不忘十八年之变。丧尽天良之辈，早已付之云烟之外！"

但是，嘉庆帝究竟汲取了什么历史教训呢？没有！没有从根本上敬畏历史，牢记教训，从而加速一个历史趋势——江河日下，社稷日危！

相关推荐书目

（1）（清）昭梿：《啸亭杂录》，中华书局，1980 年

（2）关文发：《嘉庆帝》，吉林文史出版社，1993 年

（3）张玉芬：《嘉庆道光评传》，辽宁大学出版社，1991 年

（4）万依主编：《故宫辞典》，文汇出版社，1996 年

光绪皇帝朝服像

第十讲

光绪皇帝之死

光绪三十四年十月二十一日(1908 年 11 月 14 日)酉时(17～19 时),光绪皇帝死于西苑(今中南海)瀛台的涵元殿。第二天未时(13～15 时),慈禧太后在西苑仪鸾殿病死。人们疑问:光绪皇帝与慈禧太后的死亡时间仅相差 20 小时,这是人为,还是巧合? 光绪皇帝之死,是自然病死,还是被人害死? 这是一桩历史疑案。

一、正常病死说

主张光绪皇帝正常病死者,主要依据是:

第一,官书记载。《清德宗景皇帝实录》、《光绪朝东华录》、《清史稿·德宗本纪》等官书,都记载光绪帝是正常病死:

> 上疾大渐,酉刻,崩于瀛台之涵元殿。(《清德宗景皇帝实录》卷五七九)
>
> 上疾大渐,酉刻,崩。(《清光绪朝东华录》光绪三十四年十月癸酉)
>
> 癸酉(二十一日),上疾大渐,崩于瀛台涵元殿,年三十有八。(《清史稿》卷二四《德宗本纪二》)

瀛台涵元殿

　　以上，都说光绪皇帝病重而死，是自然死亡。

　　第二，久病难医。光绪帝长期身体不好，久病难医，因而病死。在光绪二十四年（1898年）前，光绪帝身体多病，但尚能维持。此后，他的身体状况急转直下，即使云集天下名医来京会诊，光绪帝的病依然有增无减。因为：其一，这一年发生戊戌政变，他开始了从帝王到囚徒的生活。他夜间失眠，气不舒畅，神烦心悸，健康日差。其二，珍妃被害，孤苦难当。在《宫女访谈录》中记载："在逃亡的路上，我看到了光绪，眼睛像死羊一样，呆呆的！"从此以后，光绪帝的病，日益加重，直至病故。

　　第三，私人记述。光绪三十三年（1907年）七月十六日，江苏名医杜钟骏为光绪帝诊病后，在其所著《德宗请脉记》中，记载了他为光绪帝诊病经过以及光绪帝临终前的病状。他看过光绪帝的病症说：我此次进京，以为能治好皇上的病，博得微名。今天看来，徒劳无益，不求有功，只求无错。他在著述中认为光绪帝属于正常死亡。

　　第四，档案记载。两份档案材料提供光绪帝的死因。

　　其一，光绪帝《病案》（《脉案》）。光绪帝37岁时的《病案》，记载了他从小身体虚弱和病情发展，资料翔实且私密：

　　　　遗精之病将二十年，前数年每月必发十数次；近数年每月不过二三

次,……冬天较甚。近数年遗泄较少者,并非较愈,乃系肾经亏损太甚,无力发泄之故。……腿膝足踝永远发凉,稍感风凉心头疼体酸,夜间盖被须极严密。

光绪十年(1884年)、十二年(1886年)的脉案还记载,光绪帝经常患感冒及脾胃病,经常服用汤药、丸药。可见光绪帝在二三十岁的青壮年时期,身体衰弱,多病缠身。

光绪三十四年(1908年)三月初九日,《脉案》记载:皇上肝肾阴虚、脾阳不足、气血亏损,病势严重。在治疗上不论是寒凉药,还是温燥药都不能用,处于无药可用的地步。宫中御医们束手无策。五月初十日《脉案》记载:调理多时,全无寸效。九月《脉案》记载:病状更加复杂多变,脏腑功能已经失调。十月十七日,三名御医会诊《脉案》记载:光绪帝的病情,极度虚弱,元气大伤,病情危重,出现心肺衰竭症状。十月二十日,光绪帝的《脉案》记载:夜里,光绪帝开始进入弥留状态,肢体发冷、白眼上翻、牙关紧闭、神志昏迷。二十一日《脉案》记载:光绪帝的脉搏似有似无,眼睛直视,张口倒气。傍晚,光绪帝死。

其二,光绪帝医药档案。中国第一历史档案馆公开了珍藏的历代清宫医案,有关光绪帝的脉案十分齐全,特别是他临终前半年病情加重的时段,诊断记录和服药经过尤为完整。光绪三十四年十月二十一日子刻,光绪帝

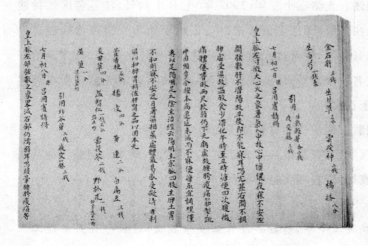

光绪皇帝用药底簿

进入弥留状态。御医张仲元等人诊得："皇上脉如丝欲绝。肢冷,气险,二目上翻,神识已迷,牙齿紧闭,势已将脱。谨拟生脉饮,以尽血忱;人参一钱、麦冬三钱、五味子一钱。水煎灌服。"随后,又经御医多方努力,却无力回天。

第五,学者观点。有学者根据清宫医案记载认为:光绪帝从开始病重,一直到临终,病状逐渐加剧,既没有中毒的迹象,也没有暴死的症象,病死之因,属于正常。从现代医学角度来看,光绪帝患有严重的神经官能症、关节炎和骨结核等疾病。这是导致光绪帝壮年死亡的直接病因。光绪帝的御医六人,每日一人轮诊,各抒己见,治法不一,也耽误了医治。"光绪帝自病重至临终之时,其症状变化,属进行性加剧,而无特殊或异常症状出现。其临终时的症候表现,乃是病情恶化之结果。因之,光绪帝是死于疾病"(《从清宫医案论光绪载湉之死》)。

与以上光绪帝"正常病死说"相反,有人提出光绪帝"被人害死说"。

二、被人害死说

光绪帝自被慈禧皇太后"废黜"之后,整整过了 10 年的幽禁生活,长期忧闷,无处发泄,"怫郁摧伤,奄致殂落"。从据清宫太医院档案选编的《慈禧光绪医方选议》一书,可以看出光绪帝体弱多病。该书所选有关光绪帝 182 个医方中,神经衰弱方 64 个,骨骼关节方 22 个,种(zhòng)子长寿方 17 个等。但是,光绪帝医药条件极好,猝死的可能性不大。他在慈禧太后死去的前一天突然崩驾,事情过于巧合,因而噩耗传出,朝野震惊。于是,光绪帝被人谋害致死的说法,随之流传开来。

第一,袁世凯毒死光绪说。溥仪在《我的前半生》一书中,谈到袁世凯在戊戌变法时,辜负了光绪帝的信任,在关键时刻出卖了皇上。又说:袁世凯担心一旦慈禧太后死去,光绪帝决不会轻饶他,所以就借进药的机会,暗中下了毒,将光绪帝毒死。他回忆道:"我还听见一个叫李长安的老太监说起光绪帝之死的疑案。照他说,光绪帝在死之前一天还是好好的,只是因为用了一剂药就坏了,后来才知道这剂药是袁世凯叫人送来的。"

上述说法虽符合情理,但也有可商榷处。光绪帝痛恨袁世凯,并"日书

袁世凯

项城（袁世凯）名以志其愤"（枝巢子《旧京琐记》），这是朝中人共知的事实，所以说袁世凯想谋害光绪帝以除后患在情理之中；但袁世凯要想害死光绪帝而又不被追究，就必须得到慈禧太后主使或默许，否则由此获弑君之罪，袁世凯不会做这样的蠢事。况且，向皇帝进药必须经过多道御检，如果药性有剧毒，很难不被检出来。因此，袁世凯进药毒死光绪帝的说法值得商榷。

其二，李连英毒死光绪说。 英国人濮兰德·白克好司的《慈禧外传》和德龄的《瀛台泣血记》等书，认为清宫大太监李连英等人，平日里仗着主子慈禧太后的权势，经常中伤和愚弄光绪帝，他们怕慈禧太后死后光绪帝重新掌权，对自己不利，就先下毒手，在慈禧太后将死之前，先把光绪帝害死。

其三，其他人毒死光绪说。 曾做过清宫御医的屈贵庭，在民国年间杂志《逸经》上著文说：在光绪帝临死的前三天，他最后一次进宫为皇上看病，发现皇上本已逐渐好转的病情，突然恶化，在床上乱滚，大叫肚子疼，没过几天，光绪帝便死了。这位御医认为，虽不能断定是谁害死了光绪帝，但光绪帝肯定是被人暗中害死的。

第四，慈禧毒死光绪说。 《清室外纪》、《崇陵传信录》和《清稗类钞》等书认为：慈禧太后病危期间，惟恐自己身后光绪帝重新执政，推翻前案，倒转局势，于是令人下毒手，将光绪帝害死。《我的前半生》一书记载："有一种传说，是西太后自知病将不起，她不甘心死在光绪前面，所以下了毒手。"人们普遍认为：年仅 34 岁的光绪帝，反而死在 74 岁的慈禧的前面，而且只差一天，这不会是巧合，而是慈禧太后处心积虑的谋害。因此，真正要害死光绪帝的最大嫌疑人就是慈禧太后。

据说慈禧太后在病重期间（时太后泄泻数日矣），"有譖（zèn）上者，谓帝闻太后病，有喜色。太后怒曰：'我不能先尔死！'"。所以指使亲信太监李连英下毒手，把光绪帝害死。

启功先生在《启功口述历史》一书中说：

我曾祖遇到的、最值得一提的是这样一件事：他在任礼部尚书时正赶上西太后（慈禧）和光绪皇帝先后"驾崩"。作为主管礼仪、祭祀之事的最高官员，在西太后临终前要昼夜守候在她下榻的乐寿堂外。其他在京的、够级别的大臣也不例外。就连光绪的皇后隆裕（她是慈禧那条线上的人）也得在这边整天伺候着，连梳洗打扮都顾不上，进进出出时，大臣们也来不及向她请安，都惶惶不可终日，就等着屋里一哭，外边好举哀发丧。西太后得的是痢疾，所以从病危到弥留的时间拉得比较长。候的时间一长，大臣们都有些体力不支，便纷纷坐在台阶上，哪儿哪儿都是，情景非常狼狈。就在宣布西太后临死前，我曾祖父看见一个太监端着一个盖碗从乐寿堂出来，出于职责，就问这个太监端的是什么，太监答道："是老佛爷赏给万岁爷的塌拉。""塌拉"在满语中是酸奶的意思。当时光绪被软禁在中南海的瀛台，之前也从没听说过他有什么急症大病，隆裕皇后也始终在慈禧这边忙活。但送后不久，就由隆裕皇后的太监小德张（张兰德）向太医院正堂宣布光绪皇帝驾崩了。接着这边屋里才哭了起来，表明太后已死，整个乐寿堂跟着哭成一片，在我曾祖父参与主持下举行哀礼。其实，谁也说不清西太后到底是什么时候死的，也许她真的挺到光绪死后，也许早就死了，只是密不发丧，只有等到宣布光绪死后才发丧。这已成了千古疑案，查太医院的任何档案也不会有真实的记载。但光绪帝在死之前，西太后曾亲赐他一碗"塌拉"，确是我曾祖亲见亲问过的。这显然是一碗毒药。

中南海仪鸾殿（今怀仁堂）

上引启功先生口述历史中的"乐寿堂"在颐和园，不在中南海，可能是先生口述疏忽或记录疏误。据中南海研究专家吴空先生讲：中南海仪鸾殿被八国联军焚毁，后移址新建的仪鸾殿，为慈禧太后晏驾之所，今殿名为怀仁堂；原址新建的仪鸾殿，改名为海晏堂，袁世凯时改名为居仁堂，今已拆毁。

以上四种说法，都有道理，也都不能证实。那么，光绪皇帝到底是怎么死的？这里面有疑案值得探讨。

三、死因之疑案

光绪皇帝是怎么死的？是自然死亡，还是被人害死？怎样看待这桩历史疑案？

上文已经说过，清代官方文献和宫廷档案都表明：光绪帝是病死的。但是，从光绪帝死的那天开始，人们就怀疑他不是正常死亡。人们总觉得他死在慈禧太后前面，而且只比慈禧太后早死了不到一整天，仅20个小时，这件事太奇怪了！肯定是有人最后几天在药里下了什么东西。但所有这些猜疑,到今天为止,也只是猜疑,因为至今没有确凿史料证明光绪帝是被害死的。

下面排比正史文献资料,可以看出光绪帝病情变化。光绪三十四年(1908年)十月:

初一日,光绪帝诣仪鸾殿,问慈禧皇太后安。《清德宗实录》卷五九七记载,自癸酉至戊辰"皆如之",就是从初一日至十六日,每天都是如此。

初二日,奉皇太后御勤政殿,日本使臣伊集院彦吉觐见。又到仪鸾殿向皇太后问安。

初三日,到仪鸾殿,向皇太后问安。

初四日,到仪鸾殿,向皇太后问安。

初五日,到仪鸾殿,向皇太后问安。

初六日,上御紫光阁,赐达赖喇嘛宴。又到仪鸾殿,向皇太后问安。

初七日,到仪鸾殿,向皇太后问安。

初八日,到仪鸾殿,向皇太后问安。

御药房研药的瓷药钵

御药房煎药的银药锅

银质四连药瓶

初九日，奉慈禧皇太后"幸颐年殿，侍晚膳，至癸亥（十一日）皆如之"。

初十日，慈禧皇太后生日，光绪帝率百官至仪鸾殿行庆贺礼。幸颐年殿，侍皇太后晚膳。

十一日，到仪鸾殿问皇太后安。幸颐年殿，侍皇太后晚膳。

十二日，到仪鸾殿问皇太后安。幸颐年殿，侍皇太后晚膳。

十三日，到仪鸾殿问皇太后安。幸颐年殿，侍皇太后晚膳。

十四日，到仪鸾殿问皇太后安。幸颐年殿，侍皇太后晚膳。

十五日，到仪鸾殿问皇太后安。幸颐年殿，侍皇太后晚膳。

十六日，到仪鸾殿问皇太后安。幸颐年殿，侍皇太后晚膳。

十七日至十九日，御医屈贵庭说：他在光绪帝临死前三天给光绪帝看病，病情突然恶化，在御榻上乱滚，大叫肚子疼。

二十日，《清德宗实录》记载："上不豫"，光绪帝病。懿旨："醇亲王载沣之子溥仪，著在宫内教养，并在上书房读书。"又懿旨："醇亲王载沣，授为摄政王。"

二十一日，"上疾增剧"，光绪帝病重。接着，"上疾大渐"，病危。酉刻，光绪帝崩于西苑瀛台之涵元殿。

二十二日，慈禧皇太后叶赫那拉氏疾大渐，未刻，崩于仪鸾殿。

综合以上资料，提出几点疑问：

第一，实录记载，值得重视。《清德宗实录》记载，光绪皇帝虽然有病、多病，但都是慢性病。临死三天前，仍能进行政事、家事活动。且发病突然，来势急猛，不排除中毒而死的可能。

第二，档案资料，值得怀疑。前引：光绪三十四年（1908 年）十月二十一日子刻，御医张仲元等人诊得："皇上脉如丝欲绝。肢冷，气险，二目上翻，神识已迷，牙齿紧闭，势已将脱。谨拟生脉饮，以尽血忱；人参一钱、麦冬三钱、五味子一钱。水煎灌服。"随后，又经御医多方努力，却无力回天。依此证明光绪帝是病死的，但要思考一个问题：何为因？何为果？ 显然，据上述档案判断光绪帝是病死的，却忽略了一个事实——御医张仲元等看到的如果是在光绪帝喝了慈禧太后亲赐他的一碗含毒药的"塌拉"后而出现的症状，怎么能说是病死的呢？

光绪皇帝与隆裕皇后合葬的崇陵

第三，口述历史，值得重视。"但光绪帝在死之前，西太后曾亲赐他一碗'塌拉'，确是我曾祖亲见亲问过的。这显然是一碗毒药"，这是启功先生曾祖父亲见亲问的。启功先生的曾祖父，既是礼部尚书，又是当时亲历者，他的口述历史资料，尤当引起重视。

第四，御医著文，值得研究。御医屈贵庭民国年间在《逸经》杂志上说：在光绪帝临死的前三天，他最后一次进宫为皇上看病，发现皇上本已逐渐好转的病情，但其病情"突然恶化，在床上乱滚，大叫肚子疼"，没过几天，光绪帝便死了。因此，御医根据亲历所写的文章，很值得研究。

根据以上四点，我个人认为：不排除光绪帝被毒死的可能性。

如果光绪帝确被害死，最大的嫌疑人显然就是慈禧太后。

然而，历史是复杂的。像慈禧太后这样的人物，台上表演的与台下操作的，可能一致，也可能相悖。为给光绪帝治病，慈禧太后曾采取了一些措施：其一，遍求天下名医。从光绪三十四年（1908年）春天开始，军机处又不断下

发廷寄,征召天下名医急速来京为皇上诊治。于是,先后有陈秉钧、曹元恒、吕用宾、周景涛、杜钟骏、施焕、张鹏年等名医来京。其二,遍寻天下名药。光绪三十四年(1908 年)八月,军机处电告各地迅速贡献上等名药,其中有广陈皮、甘枸杞、苏芡实、北洪参、苡米、桑寄生、杭白芍、茯苓等先后送至京城。人们很难判断慈禧太后这些举措背后的真实目的。慈禧太后是一个权术高明的大政客,即使要毒死光绪皇帝,她不会、也不可能在众人面前,赤裸裸地表露出自己的真实意图。

由光绪帝之死,人们联想到"三个女人和一个男人"共四条人命同慈禧太后有关系,这就是:慈安皇太后钮祜禄氏、同治皇后阿鲁特氏、光绪帝珍妃他他拉氏和光绪皇帝。这些历史疑案和难题,供大家思考,望学者研究。

光绪帝无子,他死后,皇嗣只能在宗室中选择。慈禧太后懿旨:"摄政王载沣之子溥仪,著入承大统,为嗣皇帝。"这就是宣统皇帝。

相关推荐书目

(1)徐　彻:《光绪帝本传》,辽宁古籍出版社,1996 年

(2)溥　仪:《我的前半生》,群众出版社,1964 年

(3)孙孝恩:《光绪评传》,辽宁教育出版社,1985 年

(4)冯元魁:《光绪帝》,吉林文史出版社,1993 年

(5)陈可冀:《慈禧光绪医方选议》,中华书局,1981 年

(6)陈可冀:《慈禧医案研究》,中医古籍出版社,1990 年

清宫上书房

第十一讲

清朝宫廷教育

清朝教育，很有特点。比如说，第一，旗民教育，二元分制；第二，皇族教育，制度严密；第三，皇子教育，极为重视；第四，幼帝教育，颇具特色。

什么是旗民分制？就是旗人和民人在不同的学校里读书。所谓旗人，就是八旗子弟；民人，就是不在旗的普通民众。普通民众上学，同明朝一样，有国学（国子监）、府学、州学、县学，这是公立学校；还有书院、私塾（私立学堂）等。而八旗子弟单有教育系统，旗人学校，多种多样。

清朝统治者重视对旗人的教育，更重视对皇族的教育，尤其重视对皇子和幼帝的教育。中国从秦朝到清朝，应当说每个朝代都重视皇子、幼帝的教育，但清朝比历朝更为重视，也做得更好。

清代普通私塾

下面分作三个题目来讲：一、皇族教育，二、皇子教育，三、幼帝教育。

一、皇族教育

清朝皇族教育有宗学、觉罗学等。

宗学是清朝皇族宗室子弟的学校。清显祖宣皇帝（努尔哈赤之父）本支为宗室，就是努尔哈赤父亲塔克世的直系子孙，称宗室。顺治十年（1653年）设立宗学，宗室子弟在里面读书，这是贵胄学校。宗学分为左右两翼宗学。镶黄、正白、镶白、正蓝四旗子弟入左翼宗学；正黄、正红、镶红、镶蓝四旗子弟入右翼宗学。曹雪芹就曾经在右翼宗学做过事。宗学里有满、汉教习各若干人。学生，起初仅限亲王、郡王等10岁以上者，学制六年，考满之后，优者录用。雍正年间，准予王、公、将军及闲散宗室子弟，18岁以下愿就学读书及19岁以上已曾在家读书情愿就学者，入宗学。学习内容分满、汉文，设置箭道，学习骑射。读书子弟，月给银3两，米3斗，川连纸1刀，笔3枝，墨1顶，冬季给炭180斤，暑季每日给冰1块。满、汉教习，每月给银2两，米2斛，每年给棉衣纱衣1次，三年内给皮衣2次。骑射教习每月给银1两。乾隆年间，左翼宗学学生限70人，右翼宗学学生限60人。后左、右翼宗学名额，各设百人。

觉罗学是清朝皇族觉罗子弟的学校。清显祖宣皇帝（努尔哈赤之父）旁支，就是伯

"咸安宫学记"铁印

叔兄弟之支为觉罗。雍正七年（1729 年），设八旗觉罗学，每旗一所，设在本旗衙门的旁边。觉罗学生，镶黄旗 61 人，正黄旗 36 人，正白旗 40 人，正红旗 40 人，镶白旗 15 人，镶红旗 64 人，正蓝旗 39 人，镶蓝旗 45 人。清书教习 15 人，骑射教习 8 人，汉书教习 15 人。满文、汉文教习每旗各 2 人（镶白旗 1 人）。其学生、教习的支给，与宗学相同。

此外，还有虽不属皇族却是贵族的学校。如咸安宫官学，因在紫禁城里咸安宫、官立学校而得名，雍正七年（1729 年）设立。入学资格是：八旗及内务府三旗满洲贡监生员、官学生及闲散人内俊秀者。咸安宫官学的学生，五年一次考试：考汉文"四书"、翻译满文、骑射、步射。考试成绩，分等录用。景山官学，因设在景山附近、官立学校而得名。入学资格是：内务府佐领、内管领下闲散幼童，经简选入学。康熙二十四年（1685 年）设立。这是内务府官员的子弟学校。学生名额共 360 名，分设满文、汉文班。凡内务府人家贫不能读书者，准其入学读书。学生每月给银一两。定期考试，成绩及格，分别录用。世职官学，凡八旗世爵内 10 岁以上者入学。长房官学，内务府所属太监学校，学习满文、汉文和蒙古文，要求能够识字，粗通文墨就可以。蒙古官学，为内务府所属的学校，负责培养蒙古八旗子弟。乾隆十二年（1747 年）设立，在咸安宫官学内。设管理事务大臣 1 人，以理藩院尚书兼任；总裁 3 人，以理藩院司员兼任；教习 2 人，额外教习 1 人。入学的学生，八旗蒙古每旗 3 名，蒙古八旗共 24 名。学习蒙古文经书、以及翻译等。

二、皇子教育

清朝诸王，天潢贵胄，所受教育，系统完整。皇帝对皇子的教育，首选为成龙，其次为襄政，又次为领兵，再次为务学，复次为书画。

其实，早在清人关之前，清太祖天命和清太宗天聪、崇德年间，就已经开始重视皇子的教育。努尔哈赤创制满文后，在赫图阿拉，为子侄请师傅，教他们读书识字。皇太极是努尔哈赤 16 个儿子中，受教育最好的一位。皇太极时期，更重视对皇子的教育。但在清太祖、太宗时，矢镞纷飞，争战不已，无暇顾及建立皇子教育制度。清定都北京后，顺治帝青年早逝，皇子年幼，也未及建制度。康熙皇帝为着大清江山永固，社稷绵延亿万斯年，开始对诸皇子进行严肃的教育。从此，皇子皇孙的教育，不仅制定严格的制度，而且进行严肃的管理。清朝皇子教育，有以下的特点：

第一，上学年龄。康熙帝定制，皇子6岁开始在上书房读书。这里包括皇子、皇孙、皇曾孙、皇玄孙等。到上书房读书的还有谕准的特殊人员，如上书房有伴读，功课与皇子不同，其伴读另有伴读师傅；还有部分额驸，如乾隆帝之女和敬公主之额驸，9岁时即命随诸皇子读书。又如道光二十四年（1844年）二月谕："原任御前大臣一等公博启图之子景寿，著指为寿恩固伦公主之额驸，……先赏给头品顶戴，在上书房读书。"（《清宣宗实录》卷四○二）

第二，读书地点。皇子读书的地点在上书房。上书房（又称上斋）的地点，在皇宫、西苑、畅春园和圆明园都有。皇宫内，上书房在乾清宫左，五楹，

西苑南海补桐书屋

面北向(《啸亭杂录·续录》)。地点选在乾清宫附近,为了皇帝几暇时便于到上书房检查。毓庆宫也曾作为上书房。上书房建立的时间,学者见解不一。大体说来,上书房康熙朝已有,雍正朝确定制度。

但是,上书房虽离皇宫乾清宫、养心殿较近,但离宫外皇子、皇孙、皇曾孙、皇玄孙较远。有的皇子、皇孙没有住在紫禁城里,这些"诸位阿哥皆每日走三四里,然后至书房读书。下午读完书,又走三四里,然后回家。若冬天有走六七里者。皇子、皇孙皆大半如是"(《曝书杂记》)。

第三,上课时间。皇子在上书房读书,早上寅时(3~5时)到上书房,先预习昨日的功课;授读师傅在每日卯刻(5~7时)到书房。许多师傅家住外城,要很早就起床,特别是冬天,很辛苦。师傅到上书房之后,皇子相揖行礼,师傅相揖回敬。据记载:寅刻(寅正4时)到上书房,先学习满洲语文、蒙古语文后,习汉语文。师傅到上书房,以卯刻(卯正6时)为准。年幼的课程简单,午(午正12时)前就下学。晚下学者,至未正(未正14时)二刻,或至申(申正16时)(《养吉斋丛录》)。休假日,一年之中只有元旦一天和腊月二十九、三十两个半天。相比之下,今日学生的假日还是比较多的。这个制度,是康熙帝建立的。

皇子未分藩者,每日未正(未正14时)二刻,下书房;分藩后与外府读书之王、贝勒等均一样,午初(午正12时)下书房。每年封印至开印、初伏至处暑,均午初下书房,万寿节(皇帝生日)及前一日放假。元旦、端午、中秋及本人生日都不到上书房。若奉派拈香等差,奉差完毕,仍回书房。

早餐辰初二刻、晚餐(相当于汉族的午餐)午正,均送到书房下屋。如届时功课未完,或罚背书、罚写字,待师傅准去吃饭后才许去。随侍的内谙达、太监等,没有敢催促者。下书房也这样。师傅在书房只吃晚餐。

第四,学习内容。上书房功课的内容,主要有:一是满洲语文、蒙古语文、汉语文;二是儒家经典,如"四书""五经"等;三是骑马射箭,后来加火枪;四是文化知识,史部、子部、集部的书;五是作诗;六是书法等。上书房大致每日清书(满文)不过四刻,其余均为汉课(汉文)。早餐后至晚餐读生、熟书,晚餐后写字、念古文、念诗。年稍长,加看通鉴、作诗、作论,日减去写字,其间也有学习作赋者,但不作时文(当时的流行文体)。

皇子在上书房读书，嘉庆帝、道光帝都有回忆：

嘉庆帝说："予六岁入学，习经书，十三学诗，十七属文。"（《味余书室全集·原序》）

道光帝回忆道："予自六岁入上书房，受诵经史。在上书房三十余年，无日不与诗书相砥砺。"

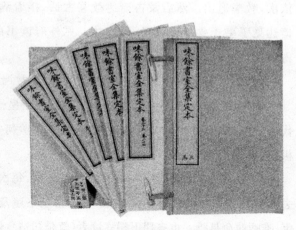

收录嘉庆皇子时期诗文的《味余书室全集》

第五，选定师傅。皇子学习，重在选师。康熙帝亲自为皇子们选定师傅，初有张英、熊赐履、李光地、徐元梦、汤斌等一代名儒。皇子老师中的汉人师傅，主要教授儒家经典。如徐乾学，江苏昆山人，是康熙九年（1670年）的探花（殿试一甲第三名），以文章名于世；他的一位弟弟考中状元，另一位弟弟考中探花，世称"昆山三徐"。

满人师傅称谙达——内谙达教满文和蒙古文，外谙达教弓箭、骑射技艺。

习武课在上书房的阶下，设为习射之所。皇帝政事之暇，便呼皇子、王子习射。诸师傅善射者也参与，优秀者赐帛或赐翎枝，以为常课（《天咫偶闻》）。教习骑射的师傅，每早先在书房等候，俟读书者至，即教拉弓，各屋

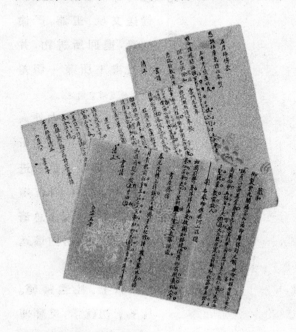

嘉庆帝为皇子时的作业

依次，教毕退出。然后蒙古谙达教蒙古话，接着满谙达教满文及翻译。三项谙达见了皇子要长跪请安，称奴才。见外府读书的王、贝勒等单腿请安。蒙古谙达站立教授，满洲谙达坐着教授。

第六，学习纪律。上书房的教学纪律，非常严格。举例如下：

例一，乾隆五十四年（1789年），上书房集皇子、皇孙、皇曾孙、皇玄孙四代于一堂，以师傅旷误，更易降责有差。阁学何肃、远椿均革职，各责四十板，仍在书房效力行走（《枝巢清宫词注》）。

例二，读书者每日至下午歇息不过一二次，每次不过一刻，仍须师傅准去始去。读书之暇，或讲书或讨论掌故，不准常至下屋及出院闲走。各屋应罚书、罚字，唯师傅命是听。也有罚下榻立读者（就是罚站），只是从来没有罚跪的。

例三，师傅准戴便帽、吃烟，读书者不准，但天热时准摘帽脱鞋。夏季准换纱衫，不准解带。

例四，暑天上课时，不准挥扇。

例五，嘉庆时，以三阿哥入书房，肃王永锡送文玩、玉器，严谕切责，退回所进物，并免去肃王所兼一切差使（《枝巢清宫词注》）。

例六，随侍内外人等，均在窗外或明间听差，听到呼唤才可以进入书房。如有语言喧哗不守规矩者，由总谙达惩办，太监由内谙达惩办。

第七，礼遇师傅。凡皇子初就学，见师傅都要做长揖。每年元

乾隆帝幼时的骑射师傅贝勒允禧

旦、令节，师傅送受业及同念书者文玩、书帖等物，回报以食物等。端阳节，师傅各送扇一柄，回报同上。都不送珍异、奇玩。师傅及受业者生日，各以如意、食物为礼。

清朝定制：上书房师傅凡宴会、赏赐与王公及一品大臣同。有大事召对，列班在军机大臣、大学士之下，尚书之上。这表明清朝皇帝对皇子师傅的敬重。

第八，奖励优秀。嘉庆二十五年（1820年）六月戊申，谕内阁："绵悌（庆亲王永璘之子）年甫十龄，询以清语，俱略能奏对。所肄汉书，现读至《下论语》。察其资性，尚为聪颖。著加恩在上书房伴读。该衙门即于编检内遴选授读之员，带领引见。七月初四日与绵悌同入上书房。"（《清仁宗实录》卷三七二）

第九，师生饮食。上书房各屋的炭盆及师傅饭食，由该处太监预备。行取师傅衣服包、雨具等物件，也由太监取送。书房烹茶，都用玉泉山水（《九思堂诗稿》）。

皇子教育见上，幼帝的教育，以光绪帝上学读书为例，略加介绍。

三、幼帝教育

清朝的幼帝较多：顺治帝6岁继位，康熙帝8岁继位，同治帝6岁继位，光绪帝4岁继位，宣统帝3岁继位。清入关后十位皇帝，少年天子就占了五位。因此，清朝对幼帝的教育，在中国历朝历代中，制度是最完善的，资料也是最丰富的。下面我以光绪帝上学为例，简单介绍一下。

光绪帝的学舍，在毓庆宫。毓庆宫是康熙帝为皇太子允礽而特建的宫殿。后经修缮、扩建，有大殿、配殿、套殿、围房、值房等建筑。毓庆宫正殿为惇本殿。皇太子允礽第二次废后，毓庆宫是康熙帝的别宫，里面住着妃嫔、答应等32位（《总管内务府折》乾隆五十四年）。乾隆帝幼年住在毓庆宫。乾隆《新正重华宫诗注》说："予十二岁始蒙圣祖养育宫中，入居此宫（毓庆宫）。十七岁迁乾西五所之二所娶后。"嘉庆帝做皇子时，5岁就在毓庆宫住过，一直住到15岁。颙琰在嘉庆元年（1796）正月初一日，正式继位。这时乾隆帝为太上皇，嘉庆帝从所居的撷芳殿，移居到毓庆宫（嘉庆帝《毓庆宫记》）。所以在毓庆宫立杆祀神，并在宫中行祀灶诸礼（《养吉斋丛录》）。乾隆帝故去后，嘉庆帝才搬进养心殿居住。此后，一度停止皇子在毓庆宫居住。个中原因，嘉庆皇帝说：

> 乾隆年间，予兄弟及侄辈，自六岁入学，多有居于此宫，至成婚时，始赐居邸第，此数十年之定则也。予蒙恩独厚，自乙卯（册立）至己未（亲政），居此四年，今虽居养心殿，若仍定皇子居毓庆宫，致启中外揣摩迎合之渐，大非皇子之福。故予留置毓庆宫，为几暇临幸之处。（嘉庆帝《毓庆宫即事·跋》）

毓庆宫建筑群

在光绪朝，光绪帝开始入学读书，就在毓庆宫。当时他的教室在毓庆宫，寝宫也在毓庆宫东室，师傅则在南屋敬候（《翁文恭公日记》）。光绪帝上学的制度和景况，从奕谟上《光绪皇帝读书习武章程》中，可以知道一些实际情况。

第一，上学时间。从光绪二年（1876年）开始上学读书。这时光绪帝虚岁6岁。

第二，学习课程。

（1）每日皇帝到书房，按照上书房的规矩，先拉弓，次习语文，读清书（满语文），后读汉书（汉语文）。

（2）射箭：因尚在冲龄，仅习拉弓，二三年后，即学习步射。随时可向诸近臣问答满语，讲求武备。

（3）打枪：10岁以后，即学习打枪，以重根本旧俗。届时，于春、秋二季，每间十日，于召见后，至南海紫光阁前，学习打枪。

（4）乘马：4 岁时，在府第学习乘马，不要间断。自入学后，每隔五日，于下书房后，在宫内长街学习乘马。由教清书的御前大臣一人，压马大臣三四人，进行教习。如遇有礼节及风雨和严寒酷热，均停止乘马。

第三，学习方法。诵读与讨论，二者不可偏废。读书之暇，与师傅随事讨论，以古证今，屏除虚仪，务求实际。

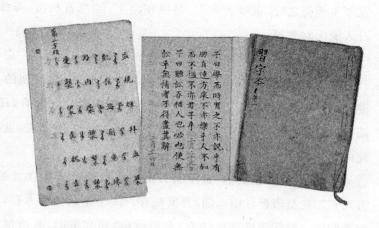

小皇帝的习字本

第四，半功课与整功课。初入学时因年幼，为半功课；到 8 岁时，再改为整功课。整功课时，每月朔（初一日）、望（十五日），均半功课。每年初伏至处暑，封印至开印，均为半功课。

第五，吃饭。半功课时，下书房后传晚膳；将来整功课时，在书房传晚膳。

第六，放假规定。

（1）慈安太后生日、慈禧太后生日、皇帝生日，都于正日及其前后各一日，不上学，停学 3 天。

（2）自彩服日（十二月二十一日），到来年正月初五日，放寒假。

（3）正月十三日至十六日，过元宵节，不入学。

（4）端午节、中秋节，各一日，不入学。

（5）将来皇帝亲祭坛庙之日不入学，但斋戒之日仍入学。

第七，严格纪律。严饬皇帝不得各处游览，以重课程。立功课簿，以便稽查。

第八，礼仪。皇帝初至书房，接见授读师傅典礼，均循照旧章。皇帝入学时刻，现经皇太后钦定，每日俟召见、引见后至书房。

光绪帝上学也很苦。一日,光绪帝忽然在马褂上套马褂。尚书问其故。光绪帝曰:"寒甚。"尚书曰:"上何不衣狐裘?"上曰:"无之。"因为当时狐裘裂缝,还没有修补完,所以只好多穿一件马褂。大臣们议论说:"天家之制,其俭如此。"

宣统三年(1911年),溥仪上学也在毓庆宫。大学士陆润庠、侍郎陈宝琛等奉命在毓庆宫授读。副都统伊光坦随时教习清语清文(《宣统政纪》)。在武汉军事相持之时,京师士大夫,多尽室南下,陆凤石相国、陈弢庵侍郎,尚逐日入毓庆宫教授。

总之,从清宫的教育,我们可以看到:

第一,清朝皇子教育,经验值得借鉴。总起来说,清朝的皇子、皇孙,都受过系统完整的儒家教育,也受过满、蒙、汉语言文化教育,还受过骑马、射箭、打枪等军事与体育的训练,有利于民族之间文化交流,也有利于中华文化的融合。

第二,教育是重要的,但不是万能的。清朝皇子教育目的在于"大清亿万斯年",就是清朝江山永固,万世长存。一个皇朝能否永存,比教育更重要的是制度。清朝制度存在缺陷,未能做到"周邦虽旧,其命维新"。结果,西方列强侵逼,国内矛盾尖锐,最后退出历史舞台。

第三,旗民教育分制,不利民族团结。清代重视旗人子弟的教育,他们比民人学校得到更多入学、就业、晋升的机会,使得自清初以来的民族关系,不是得到调整和化解,而是日益严重和激化,再加上西方列强侵略,丧权、辱国、割地、赔款等其他因素,最后导致覆亡。

所以,我们既要汲取清朝宫廷教育的历史经验,又要借鉴清朝宫廷教育的历史教训,不断革新,不断进取,像《盘铭》所载:"苟日新,日日新,又日新。"

相关推荐书目

(1)万依主编:《故宫辞典》,文汇出版社,1996年

(2)《清史稿·选举志一》,中华书局,1977年

(3)鄂尔泰等:《国朝宫史》,北京古籍出版社,1987年

(4)章乃炜等:《清宫述闻》,紫禁城出版社,1990年

(5)《钦定八旗通志》,吉林文史出版社,2002年

【附录】奕譞:光绪皇帝读书习武章程

将清、汉、蒙文课程及骑马、射箭等事章程(十六条)(清光绪二年正月奕譞折)

一、本年四月二十一日,皇帝初至书房,接见授读师傅典礼,均拟循照旧章。

二、每日皇帝至书房,拟照上书房规矩,先拉弓,次习蒙古话,读清书,后读汉书。

三、皇帝入学时刻,现经皇太后钦定,每日俟召见、引见后至书房。现系半功课。于下书房后传晚膳。将来整功课,即在书房传晚膳。

四、现在皇帝甫入书房,系半功课,于八岁时,拟改整功课。

五、诵读与讨论,二者不可偏废。皇帝读书之暇,总宜与师傅随事讨论,以古证今,屏除虚仪,务求实际。切句、诵声甫辍,旋即退息。

六、每遇慈安太后万寿圣节,慈禧太后万寿圣节,皇帝万寿圣节,均于正日及前后各一日不入学。

七、年终自彩服日至次年初五日不入学。

八、正月十三日至十六日不入学。

九、端午日、中秋日,均一日不入学。

十、每遇天坛大供,太庙行礼,奉先殿行礼,寿皇殿行礼,大高玄殿拈香,均于是日撤去拉弓、习蒙古语、读清书。仍读汉书,由授读师傅酌减。

十一、宗亲宴,向系正月十三日。廷臣宴,向系正月十六日。中正殿看布扎克,保和殿筵宴,向均系十二月下浣彩服以后,原在不入学期内。此外如中正殿转察克苏木(如俗念转咒经之类),紫光阁筵宴,及十二月二十三日、正月十九日,西厂子筵宴,每年初伏至处暑,封印至开印,均拟半功课。

十二、将来皇帝亲祭坛庙,是日,拟不入学,斋戒之日仍入学。

十三、将来整功课时,每月朔望,均半功课。

十四、现在皇帝尚在冲龄,仅习拉弓,二三年后,即应学习步射。十岁以后,即应学习打枪,以重根本旧俗。届时拟于春秋二季,每间十日于召见后,至南海紫光阁前,学习打枪。稍坐,即还宫,仍入学读汉书。是日,撤去满洲、蒙古功课。并请懿旨,严饬皇帝,不得各处游览,以重课程,至于骑射,亦

系满洲要务，此时拟暂不议。

十五、乘马一事，必应自幼学习，方臻烂熟。皇帝四岁时，在府第学习乘马，即不畏惧，正宜乘此不使间断。拟自入学后，每隔五日，于下书房后，在宫内长街学习乘马。令是日教清书之御前大臣一人，压马大臣三、四人，进内教习。如是日，遇有礼节及风雨，并严寒酷热，均拟停止。

十六、御前乾清门王大臣、侍卫臣，系亲近之臣。阙后皇帝学习步射时，拟请派令数人，随同较射，俾有观摩。并请饬下御前大臣，随时请皇帝向诸近臣问答清语，讲求武备。

（引自《清宫述闻》，文字略有改动）

皇帝书写的"福"字

第十二讲

清朝宫廷过年

　　春节,过去叫过年,是中华民族一年中最重要、最隆重、最盛大、最喜庆的全民节日。那么,清宫是怎样过年的呢?

一、准备过年

　　农历腊月,就是十二月,从初一日就开始准备过年。

　　第一件事:皇帝开笔写"福"字。清代皇帝过年有亲笔写"福"字的习俗。从康熙帝开始,将写好的第一个"福"字,挂在乾清宫的正殿,其余的张贴于后宫等处,有的则赐给王公大臣等人,当时人们以获得"福"字为荣。乾隆二年(1737年),定于十二月初一日,在漱芳斋开笔写"福"字,以后成为常例。皇帝写"福"字很有讲究。毛笔是黑漆笔管,管上刻有金色"赐福苍生"四字。写"福"字多用绢,先涂上丹砂,再绘以金云龙花纹。乾隆年间,曾任礼、户两部尚书的王际华,是一个幸运者。际华,浙江钱塘人,乾隆十年(1745年)探花。在职31年间,得到"福"字24幅,他把这些"福"字加以装裱,挂在厅堂,将厅堂命名为"二十四福堂"。

　　恭王府花园里今存的大红"福"字,就是康熙帝的真迹。据恭王府管理处刘霞副主任介绍,这个"福"字有五个特点:第一,左偏旁的"示",草书像

"才"字;第二,左偏旁的"示",草书又像"子"字;第三,右偏旁"畐"的上半部,草书像"多"字;第四,右偏旁"畐"的下半部"田",草书像未封口,表明疆土无垠,国富民阜;第五,右偏旁"畐"整体看像草书"寿"字——所以,人们联想这个"福"字蕴含五层意思:多子、多才、多田、多寿、多福。清宫当时写的"福"字虽然多,但留存下来的却很少。因此,恭亲王府花园的"福"字,被誉为"天下第一福"。

第二件事:大臣献吉祥字画。早在南宋时,就有大臣向宫廷进献吉联、画轴的习俗。清朝官员,更加重视。每年从腊月初一日起,内廷的文臣撰写各宫新年悬挂的椒屏、岁轴,呈皇帝御览之后交内务府,按照吉语内容,绘制景物图画,并在上面题词,做成吉祥字画,向后宫进献张挂。

恭王府花园"福"字碑,上钤"康熙御笔之宝"

第三件事:正常听政。

腊月初八后,过年的气氛越来越浓。

腊八 相传腊月初八为释迦牟尼成佛日。早在北宋汴梁(今开封)有僧、俗在腊八日,煮果子杂料粥,称"腊八粥",互相馈赠。清朝北京腊八粥,用料为黄米、白米、江米、小米、菱角米、栗子、红豇豆、红枣等,及桃仁、杏仁、瓜子、花生、榛仁、松子、葡萄干及红糖等。

初八日,皇宫内,在中正殿前举行仪式。中正殿(已焚毁)位于紫禁城雨花阁之北、建福宫之南,是清宫藏传佛教唪(fěng)经及办佛事的重要场所。届时,在殿前设黄毡圆帐,称"小金殿",皇帝升殿,御前大臣陪侍,众喇嘛在殿外唪经,由达赖喇嘛或章嘉胡图克图,为皇帝拂拭衣冠,除灾去邪,以被

(fú)不祥。在宫外，皇帝派亲王、郡王、大臣，到雍和宫管理煮粥、献粥、施粥等事。这些带有民族特色的活动，在明朝时是没有的。

清人绘《放爆竹图》

放爆竹 清宫规定，腊月十九日，始放爆竹。放爆竹之俗，魏晋以前就有记载。相传：西方山中有一种人长尺余，一只足，名叫"山臊"。如果有人触犯了它，就令其发冷发烧。当地人将竹子放入火中，竹爆声响，山臊惊惧而逃，人们得以消灾免祸。后到宋代，用纸做炮仗，但仍称"爆竹"或"炮仗"。清宫在腊月二十四日以后，若皇帝出宫，每过一门，太监便放爆竹一声，入宫也是这样。爆竹跟着皇帝放。在内廷执事太监、官员，根据爆竹声的远近，了解皇帝的行踪。

封印 封印就是把印封存起来，表示放假、不办公了。就是小年之前四天——腊月十九、二十、二十一、二十二四日之内，由钦天监选择吉日，布告天下，各个衙门，照例封印。宫殿封印，举行仪式：将宝印安放在交泰殿中供案上，设酒果，点香烛，请皇帝拈香行礼，官员捧着宝印出殿，内阁有关官员，到乾清门外，洗拭宝印后，捧入殿内，加以封贮。来年正月，吉日开封。开宝印时，礼仪同前。如康熙二十年（1681年）十二月二十四日封印，康熙帝不御门听政。午时，康熙帝向太皇太后、皇太后宫问安（《康熙起居注》康熙二十年十二月甲辰）。

封印后,各部院衙门的掌印官员,邀请同僚欢聚畅饮,以酬谢一岁辛劳。封印之后,京师"万骑齐发,前门一带,拥挤非常,园馆居楼,均无隙地矣"!但是,封印后各衙门休假,一些"乞丐无赖攫货于市肆之间,毫无顾忌,盖谓官不办事也,亦恶俗也"(《燕京岁时记》)。

彩服日 腊月二十一日是"彩服日"。上书房"自彩服日,至次年初五日,不入学"(《清宫述闻》),学生开始放寒假。"彩服日"有个典故,唐朝制度官员每十天洗沐,就是洗澡沐浴,休息一天。后来一个月中的三个十天分别称为上浣(huàn)、中浣、下浣。所以《燕京岁时记》说:"儿童之读书者,于封印之后,塾师解馆,谓之放年学。"放年学,就是今天的放寒假。开学的时间,皇家是正月初六,民间是过了正月十五。大约皇家放年假(寒假)两周,民间放年假(寒假)四周。

祭灶 腊月二十三祭灶。祭灶神习俗,历史很久远。灶神来历,先秦已有,传说不一,没有确证。据载:汉武帝初年,大臣以祀灶可化丹砂为黄金,以黄金为器皿可以延年益寿,因而皇帝开始亲自祭灶。祭灶,古时候用黄羊。据《后汉书》记载,汉宣帝时有一个人叫阴子方,因杀黄羊祭灶,后暴发,成巨富。这个习俗遂沿袭下来,但普通百姓家做不到。民间祭灶,用南糖、关东糖、糖饼等。为什么用糖呢?为了让灶王爷上天说好话。元代王恽谓:岁末二十四日诸神上天,家人如设供祭灶,灶君上天后,在玉皇大帝面前,可为隐恶扬善,所以祭灶都用糖,以甜其口、以粘其口。民间谚语:上天言好事,下界保平安。祭完之后,将灶神像揭下焚烧。到除夕接神时,再供奉新灶神像。这一天,鞭炮极多,俗称"过小年"。

清朝宫中祭灶与北京民间一样,在腊月二十三日。所不同的是:其一,地点。在坤宁宫煮祭肉的大灶前。其二,贡品。祭灶神时,要设供案、奉神牌、备香烛,摆供品,供品共33种,并由南苑猎取黄羊一只,使用由盛京(今沈阳)内务府进贡的麦芽糖(关东糖)。其三,帝后分别主祭。汉族祭灶神,禁妇女主祭(《燕京岁时记》)。清宫祭灶神时,皇帝、皇后等先后到坤宁宫的佛像前、神龛前、灶神前拈香行礼。皇帝礼毕回宫;皇后再行祭礼(《国朝宫史》卷六)。

上灯 清宫规定,腊月二十四日,上天灯、万寿灯。这一天,总管内务府大臣率领太监,举着灯进乾清门,将天灯安设在乾清宫两侧的丹墀内,将万

钟粹宫悬挂的《许
后奉案图》(局部)

寿灯安设在丹陛上。从安设之日起,每晚点燃天灯,到二月初三日出灯为
止。自安设之日始,万寿灯每日升灯联,至除夕由内务府大臣率员役换联,
并安两廊栏杆的灯。于除夕、元旦、正月十一、十四、十五、十六日上灯,至正
月十八日出灯。

宫训图 腊月二十六日,清宫按年俗,张挂宫训图。在张挂门神、春联
之日,东、西六宫各挂宫训图,赞一份于东、西墙,每图都画历代有美德的后
妃故事一则,作为后妃的榜样,至次年收门神之日撤下收藏。各宫所挂的宫
训图有:景仁宫《燕姞梦兰图》、承乾宫《徐妃直谏图》、钟粹宫《许后奉案图》、
延禧宫《曹后重农图》、永和宫《樊姬谏猎图》、景阳宫《马后练衣图》、永寿宫
《班姬辞辇图》、翊坤宫《昭容评诗图》、储秀宫《西陵教蚕图》、启祥宫《姜后脱
簪图》、长春宫《太姒诲子图》和咸福宫《婕妤当熊图》。

各宫贴春联 春联就是桃符。早在战国时有桃梗(桃木人),晋时为桃
符,就是在桃木板上书“神荼”、“郁垒”二位神名,或画此二神的像,五代时始
在桃木板上书联语,后改为在纸上书联语。古之桃梗、桃符都用来辟邪驱
鬼,改为联语之后,多为吉祥词句。入腊月就有文人墨客,在书房,在市肆,
书写春联,准备过年。祭灶之后,千门万户,粘挂春联,焕然一新。民间或用

朱笺,或用红纸,但清朝内廷及宗室王公等例用白纸,缘以红边、蓝边,非宗室者不得擅用《燕京岁时记》。

春联原是中原民俗,清定都北京后,也在宫中挂春联。但满俗与汉俗不同,汉族春联用红纸,宫廷春联用白绢。惟有皇帝所书的"福"字、"寿"字、春联等,凡是赐予亲近臣工的都用红色。这可能与考虑到汉族忌白的习俗有关。我在这里补充一句:不同民族在不同时期崇尚的颜色是不同的,如殷人尚白、周人尚红、秦人尚黑等,元朝蒙古人尚白,明朝汉人则尚黄。

门神 也是中原汉族的古俗。汉代文献记载,上古时有神荼、郁垒二人,曾在度朔山中桃树下,以苇索缚恶鬼喂猛虎。于是当地县官命以桃人、苇索及画虎陈于门,用来驱鬼,后演变为绘神荼、郁垒二人像为门神。又传说:一天唐太宗生病,听见门外有鬼魅哭呼号,命秦叔宝和尉迟敬德两位将军戎装立于门外,果然一夜平安无事,于是令画此二人像挂于宫门,后来就成为辟邪的门神。

清宫规定于每年腊月下旬张挂门神,来年二月初三日撤下贮存。清宫年节所挂的门神,为丝绢质,装裱框架,用沥粉贴金或用泥金描画,也有高丽

清宫门神

纸画。所画神像,现在故宫尚存的多为将军,就是秦叔宝和尉迟敬德的画像。画工精细,制作考究,具有宫廷特色(《故宫辞典》)。

掸尘　清宫规定,每年腊月,宫中清扫,大搞卫生。内管领事务处择吉日、吉时通知宫殿监,宫殿监预先奏闻。届日,内管领及员役进"内右门",由"月华门"入乾清宫、坤宁宫中扫除尘土。在扫除过程中,宫殿监率首领、太监负责防范照料。十二宫等处扫除事宜,由宫殿监传知各宫太监自办。

得禄　每年腊月二十七、二十八、二十九等日,在中正殿前设供献,并设冠袍带履等物,皇帝御小金殿。喇嘛184人,手执五色旗旋转,嗥护法经。又有喇嘛扮二十八宿神及十二生相。又扮一鹿,众神护而分之。"鹿"与"禄"谐音。这本来是满洲狩猎获鹿的仪式,入中原后变成"得禄"的意思。

打鬼　清宫腊月二十七、二十八、二十九等日,在中正殿树一个草人(或面人),佛事完毕,众喇嘛将草人出至神武门外送之。这类似古代大傩、逐厉的意思。清宫称作"跳布扎",俗称"打鬼"。二十八日、二十九日、三十日,喇嘛36人在中正殿前嗥迎新年喜经。

祭祖　除夕前一日,早,祭祖。如文献记载,康熙帝在这一天躬诣太庙祭祖,致祭毕,回宫(《康熙起居注》康熙二十年十二月丁未)。祭仪:奉先殿清代列圣(已故诸帝)、列后(已故诸后)合祭于前殿,称祫祭。事先致斋、视牲、书祝版、设乐舞及供品。遣官分别到供奉远祖的后殿和供奉太祖以后各帝后的中殿,告将同时请至前殿行祫祭之礼,并奉祝版、上香、献爵,行三跪九叩礼,是为祇告。并于前殿设好神座。至祭日,日出前七刻,公一人率宗室官八人诣后殿上香行礼后,捧肇祖帝后、兴祖帝后、景祖帝后、显祖帝后神牌,亲王一人率宗室官若干人至中殿上香行礼后,捧太祖帝后及以下各代帝后神牌,依次至前殿,安于神座上。皇帝盥洗就位,祫祭仪开始,读祝词,迎神,乐奏《开平之章》;初献,乐奏《肃平之章》,舞干戚之舞;亚献,乐奏《协平之章》,舞羽籥之舞;终献,乐奏《裕平之章》,舞同亚献;受胙、撤馔,乐奏《咸平之章》;还宫,乐奏《成平之章》,皇帝率群臣最后行三跪九叩礼;送燎,王公二人率宗室觉罗官恭奉各神位还于中殿、后殿。礼成。

赐荷包　清宫对蒙古王公的礼节性的习俗。清前、中期,每至岁末皇帝赐蒙古亲王大荷包一对,内装各色玉石八宝一份;小荷包四对,内装金银八

乾隆帝岁朝图

宝各一份；又小荷包一个，内装金银钱四枚，金银锞四枚。

京师市民，黄昏之后，合家团坐以度岁。酒浆罗列，灯烛辉煌，妇女儿童皆掷骰斗叶以为乐。及到午夜，天光愈黑，鞭炮益繁，列案焚香，接神下界。和衣少卧，已至来朝，旭日当窗，爆竹在耳，家人叩贺，喜气盈庭。转瞬之间，又逢新岁矣（《燕京岁时记》）。

二、清宫过年

清宫过年，有人从腊月二十三过小年开始算，也有人从除夕开始算。真

正意义上的过年,是从除夕"请神"开始,到初五"送神"(有的地方初二送神)期间,是为过年。初六日,皇帝要上朝御政,商店要开门营业,皇子要上课读书。我还是从除夕开始说皇家的过年。

除夕 农历腊月大月三十天,小月二十九天。除夕之夜是过年的一个高潮。下面分着说。

第一,接神。清宫除夕日,皇帝于寅时(早4时前后)即起床,到养心殿的东、西佛堂及宫内其他十多处拈香行礼,出入门有爆竹声相随。是向各处请神佛来宫里过年。民间,除夕接神以后,即为新年。于初次出房时,必迎喜神而拜之(《燕京岁时记》)。

第二,踩岁。除夕自户庭以至大门,凡行走之处,都撒上芝麻秸等,在上面走,叫做"踩岁",既取"步步高"之吉祥,又含辞旧岁之寓意(《燕京岁时记》)。皇宫里如太后住的慈宁宫等也有这样的习俗。

第三,早膳。每年除夕,皇帝一般不再单独进膳,而与后、妃等人共进早膳。早膳吃什么呢? 举一个例子:黄米饭一品,燕窝挂炉鸭子、挂炉肉、野意热锅各一品,燕窝芙蓉鸭子热锅一品,万年青酒炖鸭子热锅一品,八仙碗燕窝苹果脍肥鸡一品,青白玉碗托汤鸭子一品,青白玉碗额思克森鹿尾酱一品,金戗碗碎剁野鸡一品,金戗碗清蒸鸭子、鹿尾攒盘各一品,金盘蒸肥鸭一品,金盘羊乌叉一品,金盘烧鹿肉一品,金盘烧野猪肉一品,金盘鹿尾一品,珐琅盘竹节卷小馒首一品,珐琅盘蕃薯一品,珐琅盘年糕一品,珐琅葵花盒小菜一品。以上共二十一品。此外,皇后、妃嫔等各用帏子条桌,分等摆茶,有绿龙黄碗菜、霁红碗菜等。每桌还有:黄米饭一品,饽饽二品,盘肉三品,攒盘肉一品,银螺蛳盒小菜两个等(《故宫辞典》)。

道光七年(1827年)的除夕,早膳是:"鸭子白菜锅子一品,海参溜脊髓一品,溜野鸡丸子一品,小炒肉一品,羊肉炖菠菜一品。"(《清宫档案揭秘》)

第四,晚宴。除夕日,在保和殿举行赐外藩蒙古王公来朝的筵宴大礼。陈中和韶乐、中和清乐于殿檐下左右,陈丹陛大乐、丹陛清乐于中和殿北檐下左右,箫吹、队舞、杂技、百戏待于殿外东隅,张黄幕于殿南正中,设反坫于幕内,尊、爵、金卮壶、勺具备。宝座前设御筵,殿内左右,布外藩王公及内大臣、入殿文武大臣席,宝座左右陛之下,布后扈大臣席,前左右布前引大臣席,后左右布领侍卫内大臣及记注官席。殿前丹陛上左右布台吉、侍卫席,按翼品为序,东西向,北上。殿东檐下为理藩院堂官席,西向,黄幕左右为带庆隆舞大臣、内务府大臣席,东西向。午刻,皇帝御殿,行燕礼、奏乐、进茶、进爵、行酒、进馔、乐舞、杂技、百戏、宴毕谢恩等仪节。帝后及宫眷分别诣太后宫行辞岁礼,皇后及宫眷们到养心殿给皇帝行辞岁礼,宫眷们再到皇后宫给皇后行辞岁礼。

第五,家宴。除夕皇帝的家宴,由后、妃等陪宴。平时,皇帝与后妃等不在一起用膳,除非谕旨蒙召。原因之一是后宫人太多,如康熙四十六年(1707年)毓庆宫主位3位、大答应7人、小答应22人,共32人。这仅是一宫的位数,如果算上东六宫和西六宫的人数,皇帝普通用膳怎么能全家合膳呢! 所以,只有在过年的时候,皇帝才举行家宴。家宴的宴桌用有帏子的高桌,皇后宴桌摆在皇帝宴桌的左前方,其他妃嫔等位的宴桌依位次分左右两排顺序摆放。陪宴宴桌之上,按后、妃地位之别,分设绿龙黄碗、白里酱色碗、里外酱色碗、霁红碗、唯紫龙碗等,每桌全备。陪宴桌各安绢花,每桌高头点心五品,干湿点心四品,银碟小菜四品(南小菜、青酱菜、"三样"、老腌菜)。

第六,上灯。清宫规定:除夕、元旦及正月十一、十四、十五、十六等六天,按例为乾清宫丹陛上的万寿灯点燃蜡烛,称作"上灯"。届时,宫殿监副

宫中家宴景观

领侍一人，从乾清门引掌仪司奏乐人、首领、太监等，到丹陛上两边排列。营造司首领向上，行一跪一叩礼，赞上灯。敬事房、乾清门太监各一名，先点燃标灯，随之掌仪司清乐起奏乐。营造司太监点燃"万寿灯"，各处首领、太监点燃两厢栏杆灯。正月十八日，出灯。

第七，压岁钱。以彩绳穿钱，编作龙形，置于床脚，称作压岁钱。尊长赐小儿的钱，也称作压岁钱（《燕京岁时记》）。

正旦（初一）

第一，拈香行礼。正旦丑时（2时左右）皇帝起床盥洗、着吉服，在爆竹声中，到养心殿神牌前、天地前，拈香行礼。依次到各处拈香行礼：御花园的天一门、钦安殿、千秋亭、斗坛，东六宫东侧的天穹宝殿、建福宫花园的妙莲花室、凝晖堂、广生楼，乾清宫东庑圣人前、药王前，坤宁宫的西案、北案、灶君前、东暖阁佛前，承乾宫、毓庆宫、乾清宫东暖阁等处，前代帝后御容或神牌前、佛像前，乐寿堂佛前，神武门外迤西大高殿，景山内寿皇殿前代列帝列后御影前。中间穿插其他礼仪，皇后及宫眷等人也大体到以上各处拈香行礼。

第二，元旦开笔。元旦，丑时，皇帝拈香行礼后，在爆竹声中，到养心殿东暖阁明窗处开笔。这个习俗始于雍正年间，以后各帝都仿行。其制：每岁元旦子时或丑时，在明窗处桌上设"金瓯永固"杯，内注入屠苏酒，摆设玉烛，亲自点燃，用红漆雕云龙盘，上放一古铜质的吉祥炉，据笔薰于炉上，先蘸朱墨，写吉语数字，后用毛笔蘸墨，再写吉语数字，以祈求在新的一岁里，政和事通。所用笔的笔管皆镌有"万年青管"或"万年枝"字样。现档案中尚存有很多元旦开笔的吉笺。如嘉庆元年（1796年）元旦开笔笺为洒金朱笺，中间一行红字为"嘉庆元年元旦良辰，宜入新年，万事如意"，右行黑字稍小为"三阳启泰，万象更新"，左行黑字为"和气致祥，丰年为瑞"。

第三，元旦祭堂子。堂子是满洲祭神祭天的庙堂。在今东城正义路北口，后在今贵宾楼附近。每年元旦，皇帝要谒堂子。寅时（4时左右），由礼部堂官至乾清门奏请，皇帝着礼服乘礼舆出宫。前引大臣10人，后扈大臣2人。豹尾班执枪、佩刀侍卫20人，佩弓矢侍卫20人，扈驾前往。沿途街道清扫，警戒，午门鸣钟，卤簿前导。不参加行礼的汉人百官及外藩蒙古王公台吉等，都穿朝服跪送。导迎乐和鼓吹乐设而不作。至堂子后，皇帝率从祭群臣在圜殿前拜天，行三跪九拜礼，然后出门乘舆，导迎乐奏乐回銮。不参加行礼之百官跪迎，午门鸣钟，皇帝回宫，享奉先殿。

第四，享奉先殿。紫禁城内奉先殿是皇帝祭祖的庙堂。其制：有日献食、月荐新、朔望朝谒、出入启告，遇列先帝、后诞辰，列帝、列后忌辰及各令节、庆典，于后殿上香行礼；遇当朝皇太后、皇帝诞辰及元旦、冬至、国有大庆，则移列帝、列后神位于前殿祭享。如皇帝亲享，须在前三日斋戒，进祝版，宰牲，设中和韶乐及乐舞。皇帝跪，司祝读祝文，皇帝三拜。礼毕，还宫。

第五，皇帝早膳。皇帝元旦祭堂子、奉先殿后早膳。早膳与平日不同，平日帝后分食，元旦则皇后、妃、嫔共进早膳。先上煮饽饽（即饺子），用二号金龙盒一副盛装。再用楠木矮桌，为皇帝摆设拉拉膳热锅一品，珐琅碗菜五品，拉拉菜四品（金盘），鹿尾酱一品，碎剔野鸡一品（金钱碗），攒盘肉一品（金盘），年糕一品，点心三品（俱高盘），银葵花盒小菜一品，金碟小菜二品，金匙箸、汤膳碗（珐琅碗、金碗盖）。皇后等用里边高桌四张，摆膳五品，拉拉菜七品，攒

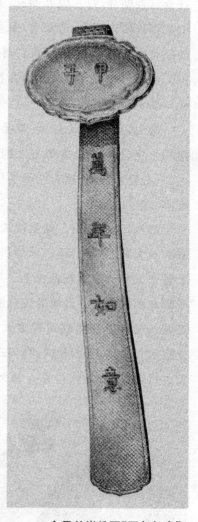

金累丝嵌松石"万年如意"

盘肉一品，点心四品。以上共三十二品。回乾清宫进奶茶，随即到西侧的弘德殿内进吉祥饽饽（吃饺子），其中一个饽饽内包小银锞，放在表面，吃到则吉利。

第六，元旦道新吉、递如意。元旦日，皇帝向各处神、佛、前代帝后像行礼，到太和殿受王公、大臣及文武百官朝贺后，到乾清宫或养心殿升座，接受皇后及宫眷分别朝拜，行六肃三跪三拜礼，并接如意。皇后再在本宫升座，

接受宫眷朝拜，行三跪九叩礼，并接如意。若有皇太后，则先由皇后率宫眷等到寝宫依次请安、道新吉，皇帝再到寝宫请安、道新吉。后妃宫眷等到各处拈香行礼后，太后再正式升前殿宝座，皇帝率诸王、大臣等行三跪九叩礼，退。皇后再率妃、嫔、宫眷等依次行六肃三跪三拜礼，公主、福晋、命妇等则槛外随从行三跪九叩礼。

第七，元旦写《心经》。乾隆皇帝每年元旦，必书写《心经》一册。另自乾隆四十年（1775 年）始每月之朔、望亦写《心经》一册，系遵照康熙皇帝的先例。《心经》按通行唐玄奘译本只有 260 字，但它是长达六百卷《大般若波罗蜜多心经》的精华。

第八，元旦朝贺。朝贺仪式如下：届日，五鼓，銮仪卫陈法驾卤簿于太和殿前及太和门、午门前。乐部和声署陈中和韶乐于太和殿东西檐下，设丹陛大乐于太和门北面东西檐下。有司设表案于太和殿内东楹之南，设笔砚案于殿内西楹之南。丹墀内设有铜质品级山，按正、从九品排列，东西各 18 排，旁有纠仪御史及礼部司官多人，辨定百官朝位。王公百官有立位和拜位。立位南北横排，东西相向，拜位东西横排，一律面北。王公在丹陛上，其余百官在丹墀内，百官立位在卤簿外，拜位在卤簿内，外国使臣列于西班之末。

品级山

天将明时,王公百官在午门外集合后,由礼部官员引至立位等候。钦天监官报时后,礼部尚书、侍郎至乾清门,请皇帝御殿。午门鸣钟鼓,皇帝具礼服乘舆出宫,先到中和殿升座。此时,侍班、导从各官行三跪九叩礼。礼毕,侍班各官先就位。辰时(8时左右),皇帝在中和韶乐声中升太和殿宝座。升座后,乐止,阶下三鸣鞭。鸣赞官赞排班,丹陛大乐奏乐,王公百官从立位至拜位序立。赞跪,皆跪。乐止,宣表官捧表至太和殿檐下正中跪,大学士2人左右跪,展表宣读简短贺词,进表于案。退,丹陛大乐复作。王公百官行三跪九叩礼,复原位立。外国陪臣另行三跪九叩礼,复原位立。乐止,皇帝赐群臣及外国陪臣坐。王公由左右门进入太和殿坐,其余百官就立位坐,跪行一叩礼。进皇帝茶,皇帝赐群臣茶坐饮毕,行一叩礼。阶下三鸣鞭,皇帝在中和韶乐中降座,百官按次序退下。

第九,太和殿筵宴。太和殿筵宴是清宫最高规格的最盛大的宴会,元旦等重大节日举行。殿内宝座前设皇帝御宴所用桌子。殿内设前引大臣、后扈大臣、内外王公、额驸以及一二品大臣等人的宴桌共105张。太和殿前檐下东西两侧,陈设理藩院尚书、侍郎、都察院左都御史等人的宴桌及中和韶乐、中和清乐。太和殿前丹陛上御道正中,张黄幕,内设反坫(放酒具),丹陛上设宴桌43张,为二品以上的世爵、侍卫、内务府大臣及带庆隆舞大臣用。三台下丹墀左右设皇帝的法驾卤簿,卤簿旁东西各设8个蓝布幕棚,棚下设三品以下官员的宴桌。外国使臣的宴桌设于西班之末。太和门内檐下、东西两侧设丹陛大乐及丹陛清乐。筵日,王公大臣穿朝服,按朝班排立。至吉时,礼部堂官奏请皇帝礼服御殿。午门上钟鼓齐鸣,太和殿前檐下中和韶乐奏《元平之章》。皇帝升座,乐止。院内阶下三鸣鞭,王公大臣各入本位,向皇帝行一叩礼,就座后,大宴开始:先进茶,丹陛清乐奏《海宇升平日之章》;进酒,丹陛清乐奏《玉殿云开之章》;进馔,中和清乐奏《万象清宁之章》;然后进庆隆舞,包括扬烈舞及喜起舞。舞毕,笳吹,奏蒙古乐曲,接着,进各族乐舞及杂技百戏。最后,丹陛大乐作,群臣行一跪三叩礼,中和韶乐作,皇帝还宫,众人退出,宴会结束。

席上,除用四等满席外,还有馔筵。馔筵主要是由宗室入八分公以上爵位者所进献。乾隆三年(1738年)元旦太和殿筵宴,用馔筵210席,用羊

中和韶乐乐器
之一——金编钟

100 只，酒 100 瓶。亲王 12 人各进 8 席，郡王 8 人各进 5 席（均羊 3 只、酒 3 瓶），贝勒 6 人各进 3 席，贝子 2 人各进 2 席（均羊 2 只、酒 2 瓶），入八分公 15 人各进 1 席（均羊 1 只、酒 1 瓶），共进馔筵 173 席，羊 91 只，酒 91 瓶；又由光禄寺均备馔 37 席，酒 9 瓶；由两翼税务增备羊 9 只，以合命前数（《故宫辞典》）。

第十，内廷庆贺。皇帝元旦前朝大礼后，皇帝率王公、群臣到慈宁宫行礼。内廷等位在乾清宫向皇帝行庆贺礼。当日，在乾清宫前檐下设中和韶乐，在乾清门内设丹陛大乐。宫殿监奏请皇后率领皇贵妃、贵妃、妃、嫔等位身着礼服，会集于乾清宫东、西暖阁。当皇上回到乾清宫时，起奏中和韶乐。皇上升座毕，乐止。宫门垂帘，宫殿监引皇后率皇贵妃、贵妃、妃、嫔等位各依次在皇帝位前就拜，行六福三跪三叩之礼。同时奏丹陛大乐。礼毕，乐止，皇后等退。升帘，宫殿监再引皇子等在殿外丹陛上行三跪九叩礼。与此同时，东西丹墀下，宫殿监率各宫首领太监随皇子行礼。礼毕，皇帝起座还宫。

第十一，皇后内廷庆贺。元旦日，向皇后行礼。受礼之处由礼部奏准行总管内务府，转由敬事房遵照奉行。一般在交泰殿。设仪驾、中和韶乐，丹陛大乐，皇贵妃率贵妃、妃、嫔等及王妃、公主、命妇等，行六肃三跪三拜礼，再由皇子、皇孙等行三跪九叩礼。并在皇后宫中设宴。

第十二，皇太后内廷庆贺。元旦，慈宁宫设仪驾、中和韶乐、丹陛大乐，皇帝率诸王、文武群臣向皇太后行三跪九叩礼。然后由皇后率领皇贵妃、贵妃、妃、嫔等及公主、王妃、命妇等人，到皇太后宫中行六肃三跪三拜礼，皇子、皇孙等行三跪九叩礼。并在皇太后宫中设宴。

第十三，乾清宫家宴。清宫元旦、除夕，往往举行乾清宫家宴。届日，乾清宫东西檐下设中和韶乐及中和清乐，乾清门内东西檐下设丹陛大乐及丹陛清乐。宫殿率所司设御筵于宝座前，设皇后宝座宴席于御座东。左右设皇贵妃、贵妃、妃、嫔筵席，东西向，俱北上。届时，宫殿监奏请皇后率皇贵妃以下各位，着吉服，至宴次，各就本位立，奏请皇帝升座。中和韶乐作，升座毕，乐止。皇后以下各就本位行一拜礼。丹陛大乐作，奏《雍平之章》，礼毕，乐止。皇后以下各入座进馔，丹陛清乐作，奏《海宇升平日之章》。乐毕，承应宴戏，进果，中和清乐作，奏《万象清宁之章》。乐止，进酒，丹陛清乐奏《玉殿云开之章》。皇帝进酒时，皇后以下均出座，跪，行一拜礼，乐止，仍各入座。承应宴戏毕，皇后以下出座谢宴，行二肃一跪一拜礼，丹陛大乐作，奏《雍平之章》。宫殿监奏"宴毕"。皇帝起座还便殿，皇后以下各还本宫。

第十四，元旦承应戏。宫中按节令演唱的剧目，又称节令承应戏。凡遇元旦、除夕等节令，都演相应的戏曲，剧本多为允禄、张照等所编，原分节令20余种，每种有数出，以至十余出。清末，大部分失传，且剧本流失很多，常演者仅数出。如元旦承应为《喜朝五位》、《岁发四时》。

元宵节

正月十五日为上元节，又称元宵节。汉代宫中即有，以后历代相沿。宋以来有在元宵夜吃煮浮圆子的习俗，后将上元节又称为元宵节。清宫沿袭汉族民俗。乾隆御制《元宵联句》诗注中说："浮圆子，都人以元宵节食之，遂名元宵。"清宫在正月十五日前后，帝后、妃嫔等在晚膳中，有"元宵一品"。

乾隆帝元宵行乐图

元宵在宫中还是应节食品。元宵节前后三天,宫中例行在晚膳中增元宵一品。每天早膳后,皇帝亲自在神祖前上供元宵。

元宵节又称灯节。正月十五日及前后两天是高潮。宫内除乾清宫前于十二月二十四日所设之天灯、万寿灯,除夕、元旦在两廊及甬道石栏上灯外,于正月十一、十四、十五、十六等日俱上灯,至正月十八日出灯。上灯奏《火树望桥之章》,歌词中最后一段是:"愿春光,年年好,三五迢迢。不夜城,灯月交,奉宸欢,暮暮朝朝。"当时宫中已有冰灯,乾隆御制《冰灯联句》诗序中谓:"片片鲛冰,吐清辉而交璧月;行行龙烛,腾宝焰而灿珠杓。"就是记载冰灯的盛况。

正月十五日,赐外藩宴于圆明园正大光明殿。

开学 康熙朝皇子正月初六日开学。乾隆时钦天监择二十四日吉,开学。是日清晨,皇长子、皇次子到学,总管太监传旨,皇子应行拜师之礼。乾隆帝召皇子及张廷玉等六人进见,面谕说:"皇子年齿虽幼,然陶淑涵养之功,必自幼龄始,卿等可殚心教导之。倘不率教,不妨过于严厉。从来设教之道,严有益,而宽多损,将来皇子长成自知之也。"(《郎潜纪闻》)皇子教育,强调从严。

三、两帝过年

清宫过年，早期、中期、晚期既有相同之处，又有不同之点。下面以康熙与乾隆两帝为例，以正旦日与元宵节为线索，作个比较。

正旦日——康熙帝

二十九日。午时，以岁除，康熙帝御保和殿，赐来朝元旦外藩王、贝勒、贝子、公等及内大臣、满汉大学士、上三旗都统、尚书、副都统、侍郎、学士、侍卫等官宴。康熙帝进酒，作蒙古乐。康熙帝召外藩王、贝勒、贝子、公等至御前，亲赐饮；又召内大臣、大学士、都统、尚书等及外藩台吉亦至御前，亲赐饮。宴罢，众谢恩毕，康熙帝回宫（《康熙起居注》康熙二十年十二月戊申）。

正月初一日。

丑时（2 时左右），起床，盥洗，着吉服。

寅时（4 时左右），康熙帝率诸王、贝勒、贝子、公等，内大臣、大学士、都统、尚书、侍卫等，往堂子行礼。

辰时（8 时左右），康熙帝率诸王、贝勒、贝子、公等，内大臣、大学士、都统、尚书、精奇尼哈番、侍卫等官，诣太皇太后宫行礼，又诣皇太后宫行礼。

少顷，御中和殿，内大臣、侍卫、执事各官庆贺元旦礼毕。御太和殿，诸王、贝勒、贝子、公等文武官员，及来朝元旦外藩贝勒、贝子、公、台吉等，朝鲜等国使臣，上庆贺元旦表。

巳时（10 时左右），御保和殿，赐外藩王、贝勒、贝子、公等，内大臣、大学士、都统、尚书、侍卫及台吉等饭。

午时（12 时左右），御太和殿，大宴诸王、贝勒、贝子、公等，内大臣、侍卫、文武各官及来朝元旦外藩王、贝勒、贝子、公、台吉等，朝鲜等国使臣，乐舞作，进酒。康熙帝召和硕康亲王杰书、安亲王岳乐、裕亲王福全、庄亲王博果铎、简亲王喇布、察哈尔部和硕亲王布尔尼、多罗温郡王猛峨、惠郡王博翁果诺、平郡王罗可铎、信郡王鄂札、顺承郡王勒尔锦、多罗贝勒察尼、固山贝子尚善等至御座前，亲赐饮。又召贝勒、贝子、宗室公等及义王孙征纯、伊思旦进郡王、外藩王、贝勒、贝子、公等俱至御座前，赐饮。又召满汉大学士巴泰、

保和殿内景

李霨等,八旗满洲、蒙古、汉军都统拉哈达、朱满、范达礼等,满汉尚书对哈纳、黄机等及满汉侍郎等官至殿内,赐饮。

申时(16时左右),康熙帝到太皇太后宫问安《康熙起居注》康熙十一年正月初一日)。

初十日。早,康熙帝御乾清门,听部院各衙门官员面奏政事《康熙起居注》康熙十一年正月丁巳)。

元宵节——康熙帝

十四日。早,康熙帝诣大享殿,行祈谷礼。午时,康熙帝御太和殿,宴外藩王、贝勒、贝子、公等,内大臣、满汉大学士、三旗都统、尚书、副都统、侍郎、学士、侍卫等，乐舞作，进酒。康熙帝召外藩王、贝勒、贝子、公等至御座前，亲赐饮。又召内大臣、大学士、都统、尚书等至御座前，亲赐饮。宴罢，众谢恩毕，回宫（《康熙起居注》康熙十一年正月辛酉）。

乾清门

十五日。早，康熙帝御太和殿视朝。文武升转官员谢恩毕，回宫。复御乾清门，听部院各衙门官员面奏政事。巳时，又御保和殿，赐外藩王、贝勒、贝子、公等，内大臣、大学士、都统、尚书、侍卫及台吉等饭。午时，又御太和殿，大宴外藩王、贝勒、贝子、公等，内大臣、大学士，都统、尚书、副都统、侍郎、学士、侍卫、台吉等，乐舞作，进酒。康熙帝召外藩王、贝勒、贝子、公等至御座前，亲赐饮；台吉等召入殿内，赐饮。宴罢，众谢恩毕，回宫（《康熙起居注》康熙十一年正月壬戌）。

元宵节——乾隆帝

乾隆六年（1741年）正月十三日至二十八日，乾隆帝奉皇太后在同乐园进膳、看戏、逛买卖街，谓之"庆丰图"。后岁以为常。正月十四日，乾隆帝在奉三无私殿，宴赏宗室王公，称宗亲宴。十五日在正大光明殿，宴赏朝正外藩、内大臣、大学士，称外藩宴。十六日，在正大光明殿，宴赏大学士、尚书、侍郎等，称廷臣宴。如乾隆七年（1742年）正月十三日至十九日，每夕在山高水长殿前，设烟火。皇太后和后妃内眷在楼上观赏，皇帝率王公大臣、外藩王公和外国使臣，在楼前观阅。每晚还看掼跤、放花炮、盒子、舞灯。此后，

山高水长殿前的元宵火戏,例从正月十三日起,至燕九日(十九日)收灯,谓之"七宵灯宴"。

"燕九"就是正月十九日,相传为长春真人丘处机的生日。这一天,京师白云观一带,"车马喧阗,游人络绎。或轻裘缓带簇雕鞍,较射锦城濠畔;或凤管鸾箫敲玉版,高歌紫陌村头"(《燕京岁时纪胜》)。十五日、十九日,率蒙古王公大臣等观看。同乐园庆丰图——十三至十九日,看完火戏之后,到同乐园看灯会;十三日午后,看舞灯。到二十七日前,乾隆帝每天奉皇太后在同乐园看庆节戏(《圆明园》)。

元宵灯火,由来已久。乾隆时自正月十三日起,即奉皇太后至山高水长殿前看烟火,至收灯(十九日)止。山高水长殿在圆明园内西南部,地势宽敞,宜放烟火。每年正月十九日,举行盛宴,并演出西洋秋千、蒙古音乐、撩跤、爬竿、冰嬉、罗汉堆塔、高丽跟头、回部音乐等。最后放花盒。盒子之制,大小方圆不一,人物花鸟,无所不有,最后一盒子为"万国乐春台",沿河编花篱,遍置花炮,星火遍燃,万响齐发,至此结束。散后爆竹残纸,有一寸多厚,步军统领要率兵泼水,谓之压火。嘉庆以后,逐渐减损,清末停止。

清宫过年,是面镜子,从中可以看出:

第一,清宫过年,民族文化融合。宫廷文化与民间文化、满洲文化与汉族文化、中华各族文化在相互融合。

第二,清宫过年,团圆喜庆祥和。君臣、内廷、官民、后宫、外藩的关系得到和谐。通过宴会、朝拜、祭祀、送福、祭祀、拜年等,都在和谐、喜庆的气氛中度过。

第三,清宫过年,各朝风尚不同。勤政的皇帝,把过年当作社会谐和的机会;享受的皇帝,把过年当作享乐的机会;庸碌的皇帝,把过年当作敷衍时光的场景。从一个皇帝怎样过年,大致反映出那个时代的官场风气与民风民俗。

相关推荐书目

(1)于敏中等:《日下旧闻考》,北京古籍出版社,1981年

(2)鄂尔泰等:《国朝官史》,北京古籍出版社,1987年

（3）章乃炜等：《清宫述闻》，紫禁城出版社，1990 年

（4）万依等编：《清代宫廷史》，辽宁人民出版社，1990 年

（5）富察敦崇：《燕京岁时记》，北京古籍出版社，1961 年

（6）允禄等：《满洲祭神祭天典礼》，台湾商务印书馆影印文渊阁《四库全书》本，1986 年

（7）万依主编：《故宫辞典》，文汇出版社，1996 年

【附录】清宫喝酒与饮茶

清宫常用的酒,有乳酒,皇帝进谒盛京三陵、东陵、西陵用之,祭祀也用乳酒;有祭酒,凡祭祀各坛、庙,均大量使用,由光禄寺良酿署所属酒局用玉泉山水酿造;有燕酒,凡宴会上满席、汉席及供给各处来使均用此酒,由酒局用本局的井水酿造;有黄酒,祭祀、筵宴均用,朝鲜国贡使也给黄酒,由酒局用井水酿造;有烧酒,祭祀、筵宴时兼用,宴蒙古王公等也用烧酒,由酒局酿造,有时也从市肆采买;有药酒,御药房用各种酒配药制成;有料酒,各膳房用大量料酒作调味品。皇帝经常饮用与赏用的酒,多为玉泉酒。康熙帝一般不饮酒。乾隆帝一般在晚膳时饮2两(小两),其子嘉庆帝每天要饮10两左右、甚至14两(小两)。

清宫常用的茶主要有奶茶和清茶两种:

一是奶茶,以浙江产的黄茶等,用奶油、牛奶加盐熬制而成,多用于筵宴或饭间,清宫每年约用黄茶120多篓,每篓清秤100斤,共12000多斤。

二是清茶,就是现在的茶,所用茶叶多为各地总督、巡抚、将军等所特贡。如乾隆年间浙江的龙井雨前茶,江苏的阳羡茶、碧螺春茶,湖南的安化茶,江西的安远九龙茶,福建的岩顶花茶、工夫茶、郑宅芽茶、小种花香茶、莲心茶,云南的大普洱茶、中普洱茶、小普洱茶和女儿茶、蕊珠茶,四川的蒙顶仙茶、青城芽茶,陕西的紫阳茶,广西的刘仙茶,安徽的六安茶、松萝茶、珠兰茶、银针茶、雀舌茶等共30多种。至清末增至40多种。乾隆帝"留用"或"要去"的茶有蒙顶仙、珠兰、松萝、莲心、花香、安化、普洱、龙井雨前、天桂花香等几种。西太后"留用"或"要去"的茶则有桂花人参、珠兰、观音、菱角湾、春茗、龙里芽、余庆芽、龙泉芽和各种普洱茶等20多种。

(参见《故宫辞典》)

后 记

早在 2003 年末,《紫禁城》杂志酝酿改版,故宫博物院副院长兼该刊主编李文儒先生,同常务副主编左远波先生商定,改版后的《紫禁城》杂志设立"清宫百谜"专栏,约我每期撰稿一篇,长期连载。我粗算了一下,清朝十二帝,以每朝平均十个疑案计,大约应有上百个疑案。我答应试写几篇,然后看看再说。

2004 年《紫禁城》杂志正式改版,在"清宫百谜"专栏中刊出了我的《努尔哈赤姓氏之谜》,作为首篇,投石问路。同年出版六期,刊出拙文六篇。

2005 年《紫禁城》出版六期,除一期特刊没有"清宫百谜"外,又刊出我的五篇文章。

2006 年我为《百家讲坛》主讲"明亡清兴六十年",每周一讲,十分繁忙,无暇继续为《紫禁城·清宫百谜》撰稿。此其一。又因为常务副主编左远波先生转到紫禁城出版社,接任的朱传荣常务副主编,不好意思像左远波先生那样,每一期都三番五次地、不厌其烦地打电话催稿,而是尊重作者,不常电催,我便借机喘了口气,拖欠了一年的稿子,借此谨致歉意。此其二。于是,《紫禁城·清宫百谜》暂时停了下来。

话分两头说。到 2006 年 12 月 10 日,我终于完成了"明亡清兴六十年"最后一讲的录播,还没有离开录播现场,北京电视台科教部制片人于瀛等一行,便来约我,说北京电视台 2007 年改版,新开了一个上星栏目《中华文明大讲堂》,让我为这个栏目开讲清史,每周一讲,不要少于三个月。她并说这是北京市委常委、宣传部蔡赴朝部长点的名。我勉为其难,仓促准备。讲什么呢?焦急中我想起了此前曾经写过的"清宫百谜"系列,于是跟《中华文明大讲堂》栏目商定开讲《清宫疑案正解》。由于播出期间碰到春节,广大观众希

望我讲清宫如何过年,还希望我讲清宫皇子教育。所以,《清朝宫廷过年》和《清朝宫廷教育》两讲,也列入《清宫疑案正解》总题目之内。

《清宫疑案正解》的制作,采用了主讲人、主持人和观众三方讲述、对话、交流的形式,大家一齐努力。由于时间紧迫,我几乎推掉了所有其他的事情,集中精力进行准备,而北京电视台科教部领导和《中华文明大讲堂》栏目的朋友更是为此夜以继日、废寝忘食。科教部主任陈虎还亲自为这个系列讲座撰写广告语。播出一段时间之后,于瀛制片人告诉我,收视率逐集高升,达到 2.68,位列同时段全国电视台所有栏目之首。这是出乎意料的,也是广大观众的厚爱。

应广大观众和读者的要求,现将《清宫疑案正解》的电视讲稿加以整理,由中华书局出版。北京电视台台长刘爱勤先生拨冗撰写了本书序言。近三年来,中华书局已经先后出版了拙著《正说清朝十二帝》、《袁崇焕传》和《明亡清兴六十年》(上、下)。

本书出版之际,向北京电视台的领导、制片、编导、摄像等诸君,向中华书局的领导、编辑、出版、发行等诸君,深致谢意。

阎崇年

2007 年 3 月 12 日